ナマケモノの
新TOEIC®テスト
リスニング

片野田浩子

南雲堂

TOEIC is a registered trademark of Educational Testing Service (ETS).
This publication is not endorsed or approved by ETS.

装丁　銀月堂
カバー・本文イラスト　アラタマコト

★即効！リスニング力UP!
『ゼンメソッド』

学生たちの驚き

『ゼンメソッド』を利用して、リスニングにのぞむと、頭の中で余計なことを考えなくなり、集中して英語を聞きとることができました。

今まで何も考えずに、ただテープを聞いているという感じだったけれど、「一点を見つめ、息を（長く）吐く」だけで、テープの内容に入り込めた。特に息を吐くことは一番集中できる状態になる。人それぞれだけど、僕にはとても効果があった。

集中法の『ゼンメソッド』はマジですごいかもしれない。今までで最高の点が出た。集中法では全部というか、ほとんど聞き取れた。

『ゼンメソッド』をやるととりあえず高い得点になるのでこれからも続けようかなと思います。

はじめはなかなか集中できずに失敗したけど何回かやってるうちに自然と英語がスローに聞こえた。これは100％集中できます。

外人の言っていることがはっきり聞こえた。自分も外人みたいになれた。

かなりよく聞こえるようになったと思う。やはり一点を見つめることにより、集中力が増し、他の雑念が消えるため、よく聞こえるようになったと思う。これは慣れるまで時間がかかると思うがすごいと思う。

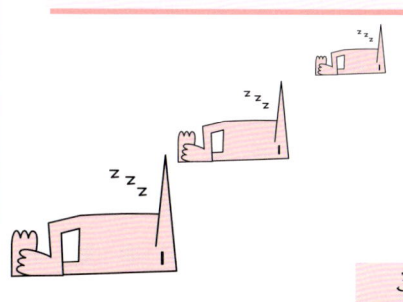

タイトルについて

『ナマケモノの新 TOEIC® テストリスニング』とタイトルをつけたのは、あなたのペースでリラックスしながらリスニング力を UP できるからです。

はじめに

本書は、TOEIC® テストのリスニング部門（あるいは広くリスニング学習）に初めて取り組む人が、いきなり高いハードルを飛び越えようとして挫折しないよう、パート 3 と 4 のハードルを以下の様に低くしました。

> パート 3： 設問を 1 問（実際の設問数は 3）としました。
> パート 4： 説明文を少し短くし、設問は 2 問（実際の設問数は 3 問）としました。

TOEIC のリスニング問題は、パート 1、2、3、4 からなり、パートをすすめるに従い問題が難しくなっていきます。パート 1、2 は、初心者にとっても比較的取り組みやすいですがパート 3、4 は難解といえるでしょう。そこでこの部分のハードルを低くし、トレーニングしやすいように工夫しました。これによりプラス思考が生まれます。

プラス思考は学習を続けるのに必要な要素です。言い換えると、楽しい！ヤッテいけそう！という感覚です。自信も生まれてきます。

この本を手にしたあなたは決してナマケモノではなく謙虚な方だと思います。皆さんの学習が成功につながることを願ってやみません。

本書の出版に当たり、いろいろとお心遣い頂いた編集部長の青木泰祐氏、忍耐強く常に適切な助言を与えてくださった星野英樹氏、又"メソッド君"のイラストの磯部孝文氏、HP 作成の（有）アーキテクトタイタン・河原司氏、ビジュアルデザイナーの（株）COLOBO 代表取締役・立川弘幸氏、それから写真問題に快く協力してくれた近畿大学、滋賀県立大学、名古屋経営短期大学の学生有志に心より感謝を申し上げます。

2007 年春　著者

目次

★即効！リスニング力UP!『ゼンメソッド』　　　　　　　　3
　：学生たちの驚き
タイトルについて　　　　　　　　　　　　　　　　　　4
はじめに　　　　　　　　　　　　　　　　　　　　　　7
★K（カタノダ）メソッズについて
　3つの悩みを解決してリスニング力UP
　　　　悩み①集中力の問題⇒即効！ゼンメソッドで解決！
　　　　悩み②聞き取りにくい音⇒確実！STラーニングで解決！
　　　　悩み③耳と目の実力差⇒確実！EEメソッドで解決！
★「K（カタノダ）メソッズ」英語学習法　　　　　　　　9
⇒『STラーニング音読』
⇒『STラーニング歌唱』
用意するもの
効果
　　　　①発音UP=リスニング力UP
　　　　②直読直解の浸透
　　　　③記憶の定着
学習ペースについて
よくある質問
学習期間
継続法
　　　　①1日10秒でもよしとする
　　　　②学習時間帯を決める
　　　　③楽しさを第1とする

★ 本書を利用した『STラーニング音読』　　　　　　　　　13

★ 『STラーニング音読』と『STラーニング歌唱』：発案経過

★ 『ゼンメソッド』：発案経過

★ 『STラーニング音読』と『STラーニング歌唱』：私の場合

★ 『STラーニング音読』：ある女子中学生の場合

★ 『ゼンメソッド』：英語クラスでの実践

★ TOEIC®テストリスニング練習問題

	スロースピード		ノーマルスピード
Part 1	Chapter 1 (p.20) 〜 Chapter 17 (p.53)	Part 1	Chapter 18 (p.54) 〜 Chapter 34 (p.87)
Part 2	Chapter 35 (p.90) 〜 Chapter 51 (p.123)	Part 2	Chapter 52 (p.124) 〜 Chapter 68 (p.157)
Part 3	Chapter 69 (p.160) 〜 Chapter 81 (p.185)	Part 3	Chapter 82 (p.186) 〜 Chapter 93 (p.209)
Part 4	Chapter 94 (p.212) 〜 Chapter 105 (p.235)	Part 4	Chapter 106 (P.236) 〜 Chapter 118 (P.262)

★ K（カタノダ）メソッズについて

「カタノダメソッズ」（「K メソッズ」）とは、私自身のリスニング力 UP のため、TOEIC®テストリスニング部門、満点獲得を目指し達成した過程で考案した学習法です。

3つの悩みを解決してリスニング力 UP！

悩み①集中力の問題
　　　⇒即効！ゼンメソッドで解決！

リスニングテストで、聞くことに集中できず結果に悲観した経験はありませんか。

『ゼンメソッド』の"ゼン"とは禅のことです。『ゼンメソッド』＝リスニング集中法は次のようにします。リスニングの際、
　(1) 一方向をぼんやり眺めて英語を聞きます。それと同時に、
　(2) 鼻からゆっくり、息を長く吐きながら英語を聞きます。
＊吐けば自然に吸い込むので、吸うことは気にする必要はありません。

リスニングの際、(1) と (2) をすると集中力が高まり、英語がゆっくりはっきり聞こえてきます。即効！スコアに差がでます。

＜本書の場合＞
それぞれのパートの始めのページの『ゼンメソッド』の説明を参照してください。

> 悩み②聞き取りにくい音
> 　　⇒確実！ ST ラーニングで解決！

　リスニングをしている時、何度聞き返しても聞き取りにくい音があるという経験はありませんか。

　『ST ラーニング』の"エスティー"とは slow tape のことで、速度を落として英語を聞く方法です。焦らず、注意深く英語音が聞けるため、"聞き取りにくい音"も聞き取りやすく

　日本語にはない英語特有の音に、あなたの耳が気づきます。このように自分で気づき、体で覚えたことは記憶に留まります。たとえばのどを開いた発声、息の出し方の強さ等です。

＜本書の場合＞
　各パートの前半部分がスロー速度で録音されています。目次をご参照ください。

> 悩み③耳と目の実力差
> 　　⇒確実！　EE メソッドで解決！

　英語の問題に取り組む時、目を使って解答するとわかるのに、耳を使って解答するとさっぱりわからないという経験はありませんか。

　『EE メソッド』の"イーイー"とは ear & eye のことで、"聞く"、"聞いた内容（スクリプト）を見る"を繰り返すことです。

＜本書の場合＞
　右ページのスクリプトを下敷きで隠す→リスニングをする
　→下敷きを取りスクリプトを見て確認
（なおスクリプトの全訳と解答解説は次ページにあります。）

★「K（カタノダ）メソッズ」英語学習法

⇒『ST ラーニング音読』
⇒『ST ラーニング歌唱』

用意するもの
1. 速度調節機能付きテープレコーダー
   （5000 円前後の会議用の小型テープレコーダーが便利）
2. あなたの好きな本、又は歌
   （但し、録音テープや CD がついているもの）

* CD の場合、速度調節ができないためテープに録音しなおします。

学習方法

　テープレコーダーの速度調節機能を使って、発音（リズム・抑揚等も）があなたにとって、聞きとりやすいと感じるまでテープ速度を落として英語を聞きます。女性の声ならば低くなり男性の声のように聞こえます。速度を落とし過ぎるとかえって聞きづらいので調整しましょう。

　この状態で、テープの声をモデルとして、真似ながら声を出していきます。本、あるいは歌詞を見ながらで大丈夫です。

　本の場合は音読『ST ラーニング音読』、歌の場合は歌う事『ST ラーニング歌唱』になります。歌詞を見ながら歌う事はメロディーがついている音読です。これは特に楽しい学習法です。カラオケに行って歌う事を目標とするとさらにやる気が湧いてきます。

　モデルを聞きつつ、少し時差をおきながら後を追っていく感じです。この時、モデルの英語と、あなたが発する英語と、自分の耳で両方を聞き比べ、モデルの真似ができているか確認し、修正しながら進めます。

効果
　①発音 UP＝リスニング力 UP
　②直読直解の浸透
　③記憶の定着

①発音 UP ＝リスニング力 UP

　速度を落として英語を聞くため、焦らず、注意深く英語が聞け、"聞き取りにくい音"も聞き取りやすくなり、日本語にはない英語特有の音に、あなたの耳が気づきます。
　その結果、確実に音読が上達します。あなたの英語の発音（リズム・抑揚等も）がよくなり始めたら、リスニング力がアップしている証拠です。**"聞き取りにくい音" に慣れ、その結果として発声もできている**からです。本来のテープ速度でも英語を聞けるようになっています。

②直読直解の浸透

　直読直解とは、英文をそのまま、ひっくり返さずに理解することです。
　例をあげると、
　　I go to school.
を、「私は　行く　学校へ」とそのまま英語の語順で理解する事です。『ST ラーニング音読』や『ST ラーニング歌唱』の場合は、（1）文字を見ながら、（2）モデルの英語を聞きながら、（3）真似て英語を発音しています。

　これら 3 つのことを同時にしています。3 つのことを同時にしているのですから、集中せざるをえません。
　又、テープの流れにそって進めているため、流れてくる英語の意味を日本語の語順になおして考える時間はありませんが、英語はスロー速度であるため多少気持ちの余裕があります。
　集中と適度の気持ちの余裕、これら 2 点から、いつの間にか、内容がボンヤリとイメージされてきます。つまり、自然に直読直解してしまっているのです。

記憶の定着

『STラーニング音読』や『STラーニング歌唱』の時には集中せざるをえませんが、この時には耳と目と口の3つの手段を使っています。自分の体の部分を多く使うほど記憶は定着すると言われます。

集中と体の多くの部分を使っている、この2点から、英語（英単語、発音、リズム、抑揚等を含めて）の記憶が定着します。

学習ペースについて

あなたのペースでリラックスしながら進めます。楽しいとやる気が継続されます。結果的に学習効果が上がります。

これとは反対に、あまり自分に厳しくしすぎると、つらくなり継続が難しくなります。学習効果も期待できなくなります。

たとえば、『STラーニング音読』や『STラーニング歌唱』では、モデルとする英語を流し続け真似ていきますが、うまく真似できない場合、

(1) その都度戻してもう一度聞く、
(2) 気にせず進めていく、

いずれでも大丈夫です。

ある時はきっちりと、ある時は適当に、気分次第で"ナマケモノ"で進めます。常に自分を楽しく感じさせるようにするのが大切です。

よくある質問

次のような質問をよくうけます。

「本や歌は同じものをずっと使うのですか、変えたほうがいいのですか」

・それは自由です。楽しくなくなれば別の本、別の歌で取り組みます。楽しい間は同じものを使っていてください。

「読んだり、歌ったりする時、内容がわからなくてもいいのですか」

・はい、気にする事はありません。『STラーニング音読』や『STラーニング歌唱』で焦点を置いているのは音です。一つの事に集中するからこそ効果があがるのです。先にも書きましたが、集中

していると自然と内容がイメージされるという事はあります。しかし、常に内容を気にしていたら、音への集中力が分散し、どっちつかずとなり効果があがりません。

学習期間

　あなたのペースでリラックスしながら、"ナマケモノ"モードの取り組みでいいのですが、あまりまちまちに取り組むよりも、たとえ３日でも継続する方が効果が上がります。３日なら３日なりの効果です。

　もちろん３日よりは、１週間、１ヶ月、３ヶ月、６ヶ月、１年、と期間が延びるに比例して効果は上がっていきます。

継続法

　継続させるコツは次の３つです。

> ①１日 10 秒でもよしとする
> ②学習時間帯を決める
> ③楽しさを第１とする

①１日 10 秒でもよしとする

　継続といっても、１日 10 秒でも継続は継続です。そう思うと気も楽になります。

　１行ほど英文を読む、あるいは歌をひとふし歌う、又は少しだけ『ST ラーニング』（テープ速度を落として英語を聞く）をする、いずれでも大丈夫です。

　時間がある時、気分がのる時は１時間でも２時間でも『ST ラーニング音読』、あるいは『ST ラーニング歌唱』をしてください。

②学習時間帯を決める

　たとえば朝食前、昼休み、夕食後、就寝前等、と自分の都合のよい時間帯を決めます。学習すること自体を忘れるのを防ぎます。

③楽しさを第 1 とする

　継続できない場合、原因として本や歌が、実は自分の趣味に合

っていなかったということがあります。選択ミスです。自分の努力の足りなさだと責めないでください。

★**本書を利用した『STラーニング音読』**

本書を利用して『STラーニング音読』をする場合は、本書のCDのスロー速度録音部分の章を使って音読してください。

★『STラーニング音読』と『STラーニング歌唱』

：発案経過

今から20年以上前にさかのぼります。

私は大学の英文学科を卒業し、3年間企業に勤めた後、繊維関係の家業を手伝っていましたが、家業よりも英語を教える事の方が、自分に向いているのではないかと感じ始めていました。

そこで、忘れかけた英語を思い出し、英語の実力もつけたいと、英検1級をめざし勉強することにしました。この時は、後に、大学院へ進み、教育学研究科で英語教育を専攻する事になるとは思っていませんでした。

英検1級はとても手ごわい相手でした。テストに何度も落ちました。ストレスで体調も崩しました。そしてもはや不可能とあきらめかけていた時、英検1級筆記テストの合格通知が来ました。

しかし一難去ってまた一難。その後には2次の面接テストがあります。筆記テストに焦点をあてて、単語と長文読解の猛勉強をしていた私に、そして日本語のスピーチすらできない私に、英語のスピーチなど全く無理でした。

予想されるスピーチテーマの原稿を作り、ひたすら暗記し、テスト当日、息も絶え絶えに、震える声で英語らしき言葉を試験官の前で発し、英語で聞かれた問いに的のはずれた答えをして、とにかく恐怖の時が終わったと家路につきました。

この2次テストの結果はもちろん不合格。この時の挫折感の中で、今まで"目"ばかりを使って英語を勉強していたので、とに

かく次は、リスニングの力をつけようと決めました。

そしてその後、足掛け10年くらい、不定期に、TOEICテストを受けました。TOEICテストの満点は990点ですが、英検のテスト対策のお蔭もあって、初回で800点台をとることができました。

その時漠然と、このまま勉強を普通に続けていれば受験のたびにスコアはあがるのだろうと思いました。ところが、その後ずっと800点台の足踏み状態がつづきました。40点くらいの範囲でスコアがあがったり下がったりです。

特にリスニングスコアが気になりました。この時のリスニング学習法は、実際のテスト問題に取り組むという方法に加えて、音読、それにシャドーイング（文字は見ず、音だけを聞いて後を追うように英語を繰り返していくという方法）を試したりしていました。シャドーイングは私にはとても難しく感じられました。

そして800点突破には、どの方法も特効薬にはならずに、又悩み始めていました。この時の悩みが、『STラーニング歌唱』と『STラーニング音読』の考案につながりました。

この学習法で、それまでより効率よく、何よりも楽しく、体調を崩すことなく学習に取り組む事ができました。ところが800点台突破に向けて、もう1つの問題がありました。リスニングテスト中の"集中力の問題"です。

リーディング問題では読み返しができますが、リスニングでは聞き逃せばそれまでです。必然的にプレッシャーが大きくなります。

テスト会場では、リスニングテストが始まる前から緊張していました。今度こそよいスコアをとりたいという気持ちが悪影響となり、思いとはうらはらにどんどん英語を聞き逃していきました。

★『ゼンメソッド』

発案経過

TOEICテストリスニング部門でフルマークを達成し、トータルスコアが900点を突破した時も、いつもと同様、緊張しながら試験会場にいました。リスニングテストがスタートしました。

ところがこの時、なんとかいつもの失敗を繰り返さないように

と、苦し紛れにある方法をおこなっていました。そしてそれが効を奏しTOEICテストリスニング部門フルマークを達成することができました。

後で調べたところ、偶然にもこの時の方法が禅の呼吸法とほぼ同じであることがわかり、リスニング中の集中法として『ゼンメソッド』と名づけました。

★『STラーニング音読』と 『STラーニング歌唱』

私の場合

私の場合、『STラーニング音読』と『STラーニング歌唱』の両方を行いました。最初は『STラーニング歌唱』の方でした。

基本的には毎日英語の歌を1曲テープ速度を落としてテープと一緒に歌う（＝『STラーニング歌唱』）ことにしました。時間がない時等は、1日の学習が10秒でした。学習時間帯を就寝前にしていましたので、床に入る前に歌を一瞬聞きながら歌うという感じです。

歌いたい曲のCDをレンタルし、テープにダビングし、"カラオケで歌えるくらい"、を目安にして、どんどん好きな歌に挑戦しました。

歌いたい曲は一杯ありました。ビートルズ、ビリージョエル、カーペンターズ、マドンナ、エリッククラプトン等。

カラオケに付き合ってくれる友達がいたお蔭もあり、3か月くらいがあっという間に過ぎました。

そろそろ歌いたい歌もなくなってきたので、次に『STラーニング音読』をすることにしました。テープ付きのアメリカの歴史の本があったので、テープ速度を落としてテープと一緒に音読（＝『STラーニング音読』）をしました。

この時の学習時間は平均1日20分、学習時間帯は夕食後でした。時間があって気分ものった時は、1時間から2時間半、取り組みました。

日によっては寝ながら英語のテープを流しているだけの時もありました。そのまま知らずに寝てしまっていることもよくありました。
　このような"ナマケモノ"の取り組みでしたが、『STラーニング歌唱』が3ヶ月と『STラーニング音読』が6ヶ月、両方をあわせて結果的に連続で9ヶ月行いました。

★『STラーニング音読』

ある女子中学生の場合

　ある女子中学3年生が、週1回、20分のペースで『STラーニング音読』学習を行いました。2ヶ月後、TOEICテストリスニング部門、パート2の形式でリスニングテストをしました。正解率は65％でした。
　さらに同じペースで学習を続け、4ヵ月後、再び同様のリスニングテストをしました。正解率は90％でした。
　この時使った本は、この女子生徒のリクエストでシャーロック・ホームズ短編集でした。

★『ゼンメソッド』

英語クラスでの実践

　短大や大学の私の英語クラスでもKメソッズを取り入れています。特に、リスニング集中法の『ゼンメソッド』は即効性があるので、学生たちから驚きの声が上がっています。巻頭の学生たちのコメントをご覧ください。

ナマケモノの
新TOEIC®テスト
リスニング

☞ 即効！スコアに差！『ゼンメソッド』実践法 ☜

> パート1解答法
> 　1枚の写真に対し、英文A、B、C、Dが流れます。写真を正しく表していると思われるものを1つ選びます。
>
> ### パート1集中法（英語がはっきりゆっくり聞こえる法）
> 　（1）　写真を眺めながら英語を聞きます。それと同時に
> 　（2）　鼻からゆっくりと、息を長く吐きながら英語を聞きます。
>
> ※吐けば自然に吸い込むので、吸うことは気にする必要はありません。

リスニングの際、（1）と（2）をすると
集中力（リスニングスコア）アップ！

リスニング集中法『ゼンメソッド』では、穏やかにゆっくりと、少しずつ鼻から息を吐いていくので、あたかも息が止まっているような感じがします。集中力が高まり、音と自分とが一体になる感じです。

※『ゼンメソッド』の要領がすぐにつかめない場合があるかもしれません。それでもリスニングをする時は毎回実践しましょう。平均4～5回練習すると要領がつかめるでしょう。

　なお本書の対訳は、直読直解に慣れるように、できるだけ英語の語順で並べてあります。

※訳文の日本語を英単語に置き換えてみましょう。英文がすぐに口から出てくるのを体験できます。

Chapter 1

Part 1

(A) (B) (C) (D)

(A) (B) (C) (D)

Part 1 Chapter 1

1. Look at the picture marked number 1 in your textbook.
    (A) This person is overhauling the plug.
    (B) This person is rolling the wire.
    (C) This person is setting a TV set by the wall.
    (D) This person is putting the plug into the wall socket.

2. Look at the picture marked number 2 in your textbook.
    (A) The four men are setting up the stage.
    (B) The four men are members of a brass band.
    (C) The band has a drummer.
    (D) There are two keyboard players in the band.

Chapter 2
Part 1

 1-3 スロースピード   2-27 ノーマルスピード

(A) (B) (C) (D)

(A) (B) (C) (D)

ゼンメソッドをしよう！
p.18参照

Part 1 Chapter 2

1. Look at the picture marked number 1 in your textbook.
    (A) Some children are playing in the gym.
    (B) Some children are looking for a ball in the bushes.
    (C) Some children are playing catch in a courtyard.
    (D) Some children are playing soccer outdoors.

2. Look at the picture marked number 2 in your textbook.
    (A) The girl is looking at the book.
    (B) The girl is putting the book on the table.
    (C) The girl is looking for a book in her room.
    (D) The girl is looking out of the window.

Part 1 Chapter 1   解答解説

1. (A) この人は　分解している　プラグを
   (B) この人は　巻いている　ワイヤを
   (C) この人は　据え付けている　テレビを　壁際に
   (D) この人は　置いている　プラグを　壁のソケットに
   　　→この人はプラグを壁のソケットに差し込んでいる
   overhaul　分解修理する　　plug　電気のプラグ　　roll　巻く　　wire　電線
   set　据え付ける　　into ～　～の中に⇔ out of
   wall　壁　　socket　ソケット

2. (A) 4人の男性は　据え付けている　ステージを
   (B) 4人の男性は　メンバーである　ブラスバンドの
   (C) バンドは　持っている　ドラマーを
   　　→バンドにはドラマーがいる
   (D) いる　2人のキーボード奏者が　バンドには
   set up ～　～を据える　　brass band　吹奏楽団

Chapter1 解答　1 — D, 2 — C

Chapter 3
Part 1

 1-4 スロースピード　 2-28 ノーマルスピード

(A) (B) (C) (D)

(A) (B) (C) (D)

ゼンメソッドをしよう！
p.18参照

Part 1 Chapter 3

1. Look at the picture marked number 1 in your textbook.
    - (A) Some people are waxing the floor.
    - (B) The hall is full of people.
    - (C) Some people are sitting on the floor.
    - (D) A few people are having a discussion.

2. Look at the picture marked number 2 in your textbook.
    - (A) The desks are too old to use.
    - (B) The room is full of desks and chairs.
    - (C) The room is in a mess.
    - (D) There are some desks piled up in the room.

Part 1 Chapter 2　解答解説

1. (A) 何人かの子供たちが　遊んでいる　体育館で
   (B) 何人かの子供たちが　捜している　ボールを　茂みで
   (C) 何人かの子供たちが　キャッチボールをしている　中庭で
   (D) 何人かの子供たちが　サッカーをしている　屋外で

    some　いくらかの　　gym　体育館　　look for ～　～を捜す
    bush　茂み、やぶ　　play catch　キャッチボールをする
    courtyard　中庭　　play soccer　サッカーをする　　outdoors　屋外で

2. (A) 女の子が　見ている　本を
   (B) 女の子が　置いている　本を　テーブルの上に
   (C) 女の子が　捜している　本を　彼女の部屋で
   (D) 女の子が　窓から外を見ている

    look out of ～　　～から外を見る

Chapter 2 解答　1―A, 2―A

Chapter 4

Part 1

(A) (B) (C) (D)

(A) (B) (C) (D)

Part 1 Chapter 4

1. Look at the picture marked number 1 in your textbook.
   (A) The man has dropped the bottle.
   (B) The man is drinking a cup of tea.
   (C) The man is drinking from the bottle.
   (D) The man is handing the bottle to someone.

2. Look at the picture marked number 2 in your textbook.
   (A) The man is putting a notebook into his bag.
   (B) The man is zipping his bag open.
   (C) The man is handing a notebook to his friend.
   (D) The man is throwing his bag aside.

Part 1 Chapter 3　解答解説

1. (A) 何人かの人々が　ワックスで磨いている　床を
   (B) ホールは　一杯である　人で
   (C) 何人かの人々が　座っている　床に
   (D) 数人が　持っている　話し合いを
   　　→数人が話し合っている
   wax　ワックスで磨く　　be full of ～　　～で一杯である
   floor　床　　a few　数人の　　discussion　話し合い

2. (A) 机は　古すぎる　使うには
   　　→机は古すぎて使えない
   (B) 部屋は　一杯である　机と椅子で
   (C) 部屋は　ある　めちゃくちゃで
   　　→部屋はめちゃくちゃである。
   (D) ある　いくらかの机が　積み上げられて　部屋には
   　　→部屋には積み上げられた机がある
   too … to ～　あまりに…で～できない　　mess　混乱
   in a mess　めちゃくちゃ　　pile up　積み上げる

Chapter 3　解答　1 ― D, 2 ― B

Chapter 5
Part 1

 1-6 スロースピード   2-30 ノーマルスピード

(A) (B) (C) (D)

(A) (B) (C) (D)

Part 1 Chapter 5

1. Look at the picture marked number 1 in your textbook.
   (A) The helicopter is about to take off.
   (B) The helicopter is flying above the house.
   (C) The helicopter is flying over the forest.
   (D) The helicopter is out of sight because of the smoke.

2. Look at the picture marked number 2 in your textbook.
   (A) The aircraft is taking off from the runway.
   (B) The aircraft is flying over the mountains.
   (C) The aircraft is parked at the terminal.
   (D) Mechanics are surrounding the aircraft.

Part 1 Chapter 4　解答解説

1. (A) 男性は　落してしまった　ボトルを
   (B) 男性は　飲んでいる　カップのお茶を
   (C) 男性は　飲んでいる　ボトルから
   (D) 男性は　手渡している　ボトルを　誰かに
   drop　落とす　　bottle　瓶　　drink　飲む
   a cup of tea　カップ一杯のお茶　　hand ～　～を手渡す
   someone　誰か

2. (A) 男性が　入れている　ノートを　彼のバックの中へ
   (B) 男性が　彼のバッグのジッパーを開けている
   (C) 男性が　手渡している　ノートを　彼の友達に
   (D) 男性が　投げている　彼のバックを　脇へ
   zip ～ open　～のジッパーを開ける　　throw　投げる　　aside　脇へ

Chapter 4　解答　1 — C, 2 — A

Chapter 6

Part 1

(A) (B) (C) (D)

(A) (B) (C) (D)

Part 1 Chapter 6
1. Look at the picture marked number 1 in your textbook.
    (A) They are performing under a streetlight.
    (B) They are playing musical instruments.
    (C) They are exchanging musical instruments.
    (D) They are putting away their musical instruments.

2. Look at the picture marked number 2 in your textbook.
    (A) There are five street musicians in the park.
    (B) The five men are putting away a drum set.
    (C) The five men are enjoying a musical.
    (D) The five men are listening to an outdoor concert.

Part 1 Chapter 5 解答解説
1. (A) ヘリコプターは　今にも～しようとしている　離陸する
       →ヘリコプターは今にも離陸しようとしている
   (B) ヘリコプターは　飛んでいる　家の上に
   (C) ヘリコプターは　飛んでいる　森の上に
   (D) ヘリコプターは　見えない　煙のために
   be about to ～　今にも～しようとしている　　take off　離陸する　　above ～　～の上に
   over ～　～の上に（above に対し over は全体を覆っている感じ）　　forest　森林
   be out of sight　視界の外である⇔be in sight　視界の中である
   because of ～　～のために

2. (A) 飛行機は　離陸する　滑走路から
   (B) 飛行機は　飛んでいる　山の上に
   (C) 飛行機は　止められている　ターミナルに
       →飛行機はターミナルに止まっている
   (D) 機械工が　取り囲んでいる　飛行機を
   aircraft　飛行機　　be taking off　進行形は確定的な未来・予定を表す
   runway　滑走路　　mountain　山　　terminal　（飛行機など）起点・終点
   mechanic　機械工、整備工　　surround　囲む

Chapter 5 解答 1 ― B, 2 ― C

Chapter 7
Part 1

 1-8 スロースピード　 2-32 ノーマルスピード

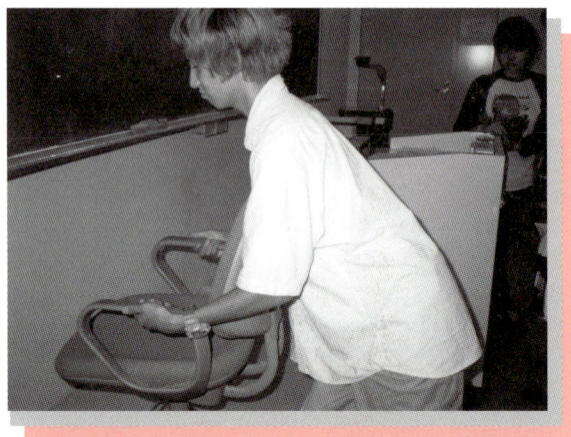

(A) (B) (C) (D)

(A) (B) (C) (D)

ゼンメソッドをしよう！
p.18参照

Part 1 Chapter 7

1. Look at the picture marked number 1 in your textbook.
    (A) The man is moving the chair.
    (B) The men are taking their seats.
    (C) The man is getting up from the chair.
    (D) The man has no chair.

2. Look at the picture marked number 2 in your textbook.
    (A) They are gathering fallen leaves.
    (B) They are shredding paper.
    (C) One of the men is writing.
    (D) They are taking their seats.

Part 1 Chapter 6　解答解説

1. (A) 彼らは　演じている　街灯の下で
   (B) 彼らは　演奏している　楽器を
   (C) 彼らは　交換している　楽器を
   (D) 彼らは　片付けている　彼らの楽器を

   perform　演奏する、演じる　　streetlight　街灯　　exchange　交換する
   musical instrument　楽器　　put away　片付ける

2. (A) いる　5人のストリートミュージシャンが　公園に
   (B) 5人の男性が　片づけている　ドラムセットを
   (C) 5人の男性が　楽しんでいる　ミュージカルを
   (D) 5人の男性が　聞いている　野外コンサートを

   street musician　ストリートミュージシャン　　enjoy〜　〜を楽しむ
   listen to〜　〜を聞く　　out door　屋外の(参考: outdoors　屋外で)

   Chapter 6 解答　1 ― B, 2 ― A

33

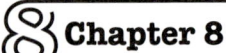 **Chapter 8**

Part 1

(A) (B) (C) (D)

(A) (B) (C) (D)

Part 1 Chapter 8

1. Look at the picture marked number 1 in your textbook.
   - (A) There is a clock on the computer.
   - (B) There is a clock in front of the desk lamp.
   - (C) There is a clock behind the computer.
   - (D) There is a clock between the desk lamp and the computer.

2. Look at the picture marked number 2 in your textbook.
   - (A) There is a bicycle between two vending machines.
   - (B) There is a bicycle behind the vending machine.
   - (C) There is a washing machine on the corner.
   - (D) There is a bicycle in front of the vending machine.

Part 1 Chapter 7　解答解説

1. (A) 男性は　動かしている　椅子を
   (B) 男性たちは　着こうとしている　彼らの席に
   (C) 男性は　立ち上がろうとしている　椅子から
   (D) 男性は　持っていない　椅子を -男性には椅子がない
   move　動かす　　take one's seat　席に着く
   get up from ～　　～から立ち上がる

2. (A) 彼らは　集めている　落ち葉を
   (B) 彼らは　細かく切っている　紙を
   (C) 1人は　男性たちの　書いている
   　　→男性たちの1人は書いている
   (D) 彼らは　着こうとしている　彼らの席に
   gather　集める　　fallen leaves　落ち葉　　shred　細かく切る

Chapter 7　解答　1 ― A, 2 ― C

Chapter 9

Part 1

(A) (B) (C) (D)

(A) (B) (C) (D)

Part 1 Chapter 9

1. Look at the picture marked number 1 in your textbook.
    - (A) They are turning around on the steps.
    - (B) They are sliding down the slope.
    - (C) They are running up the steps.
    - (D) They are coming down the stairs.

2. Look at the picture marked number 2 in your textbook.
    - (A) The boy on the skis is looking behind him.
    - (B) The boy is enjoying a snowball fight.
    - (C) There is a snowman standing on the hill.
    - (D) The boy is playing on a slide.

Part 1 Chapter 8 解答解説

1. (A) ある　時計が　パソコンの上に
   (B) ある　時計が　卓上スタンドの前に
   (C) ある　時計が　パソコンの後ろに
   (D) ある　時計が　電気スタンドとパソコンの間に
   in front of ～　～の前に　　behind ～　～の後ろに
   between ～ and ～　～と～の間に　　desk lamp　卓上スタンド

2. (A) ある　自転車が　2台の自動販売機の間に
   (B) ある　自転車が　自動販売機の後ろに
   (C) ある　洗濯機が　角に
   (D) ある　自転車が　自動販売機の前に
   bicycle　自転車　　vending machine　自動販売機
   washing machine　洗濯機　　on the corner　角に

   Chapter 8 解答　1 ─ B，2 ─ D

10 Chapter 10

🎧 1-11 スロースピード　🎧 2-35 ノーマルスピード

Part 1

1

(A) (B) (C) (D)

2

(A) (B) (C) (D)

ゼンメソッド
をしよう！

p.18参照

Part 1 Chapter 10

1. Look at the picture marked number 1 in your textbook.
   - (A) The people are traveling by ferry.
   - (B) The people are riding on a raft.
   - (C) The people are getting off the raft.
   - (D) The people are building a raft.

2. Look at the picture marked number 2 in your textbook.
   - (A) Some people are getting in the canoe.
   - (B) Some people are painting the canoe.
   - (C) Some people are drifting down the stream.
   - (D) Some people are paddling the canoe.

Part 1 Chapter 9　解答解説

1. (A) 彼らは　振り返っている　階段で
   (B) 彼らは　滑り降りている　坂を
   (C) 彼らは　駆け登っている　階段を
   (D) 彼らは　降りて来る　階段を

   turn around　振り返る　　on　接触を表す　　slide down　滑り降りる
   slope　坂　　run up　かけ登る　　steps ＝ stairs　階段
   come down　降りて来る

2. (A) 男の子は　スキー板の上の　見ている　彼の後ろを
   →スキーをはいた男の子が後ろを見ている
   (B) 男の子は　楽しんでいる　雪合戦を
   (C) ある　雪だるまが　立って　丘の上に
   →雪だるまが丘の上に立っている
   (D) 男の子は　遊んでいる　滑り台で

   ski　スキー（板）　　enjoy ～　～を楽しむ　　snowball fight　雪合戦
   snowman　雪だるま　　hill　丘　　slide　滑り台

   Chapter 9　解答　1 — D, 2 — A

39

Chapter 11

Part 1

🎵 1-12 スロースピード　🎵 2-36 ノーマルスピード

① (A) (B) (C) (D)

② (A) (B) (C) (D)

ゼンメソッドをしよう！
p.18参照

40

Part 1 Chapter 11

1. Look at the picture marked number 1 in your textbook.
    (A) The woman is putting down the receiver.
    (B) The woman is chatting outside the house.
    (C) The woman is on the phone.
    (D) The woman is in a telephone booth.

2. Look at the picture marked number 2 in your textbook.
    (A) One man is whispering in the other man's ear.
    (B) They are whistling along with the music.
    (C) They are chatting in loud voices.
    (D) One man is whispering on the phone.

Part 1 Chapter 10　解答解説

1. (A) 人々は　行く　フェリーで
   (B) 人々は　乗っている　いかだに
   (C) 人々は　降りようとしている　いかだから
   (D) 人々は　組み立てている　いかだを

   travel　旅行する、(乗り物で) 行く　　ferry　フェリー
   by ferry　フェリーで（参考:by bus, by train など）　　ride　乗る
   on　接触を表す　　build　建てる　　raft　いかだ

2. (A) 何人かの人々が　乗ろうとしている　カヌーに
   (B) 何人かの人々が　ペンキを塗っている　カヌーに
   (C) 何人かの人々が　漂流し川を下っている
   (D) 何人かの人々が　こいでいる　カヌーを

   平面的なもの　get on　乗る⇔get off　降りる
   深さがあるもの　get in　乗る⇔get out of　降りる　　canoe　カヌー
   paint　〜　〜にペンキを塗る　　drift　漂う（参考:go down the river　川を下る）
   stream　川、流れ　　paddle　かいで漕ぐ

   Chapter 10 解答　1 — B, 2 — D

12 Chapter 12

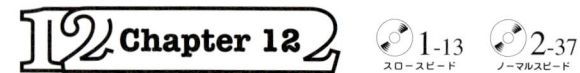

💿 1-13 スロースピード　💿 2-37 ノーマルスピード

Part 1

1

(A) (B) (C) (D)

2

(A) (B) (C) (D)

> ゼンメソッドをしよう！
> p.18参照

42

Part 1 Chapter 12

1. Look at the picture marked number 1 in your textbook.
    - (A) There are forty entertainers.
    - (B) The four performers are wearing hats.
    - (C) The four men are performing on a roof-top garden.
    - (D) The four entertainers are wearing striped jackets.

2. Look at the picture marked number 2 in your textbook.
    - (A) He is wearing a striped necktie.
    - (B) He is scratching his head.
    - (C) He is drying his hair.
    - (D) He is rubbing his hands together.

Part 1 Chapter 11　解答解説

1. (A) 女性は　置いている　下に　受話器を
   (B) 女性は　おしゃべりしている　家の外で
   (C) 女性は　電話中である
   (D) 女性は　いる　電話ボックスの中に

   put down　下に置く　　receiver　受話器　　chat　おしゃべりする
   outside the house　家の外で　　be on the phone　電話中である
   telephone booth　電話ボックス

2. (A) １人の男性が　ささやいている　他の男性の耳元で
   (B) 彼らは　口笛を吹いている　音楽に合わせて
   (C) 彼らは　おしゃべりしている　大声で
   (D) １人の男性が　ささやいている　電話で

   whisper in one's ear　人の耳元でささやく　　whistle　口笛を吹く
   along with 〜　〜と一緒に　　loud　大声の　　in a loud voice　大声で
   on the phone　電話で

Chapter 11　解答　１ー C，２ー A

Chapter 13

Part 1

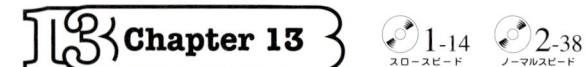

1 (A) (B) (C) (D)

2 (A) (B) (C) (D)

ゼンメソッドをしよう！
p.18参照

Part 1 Chapter 13

1. Look at the picture marked number 1 in your textbook.
    (A) The koala bear is resting in the tree.
    (B) The koala bear is snatching at some leaves.
    (C) Some leaves are growing on the wall.
    (D) The koala bear is resting on some leaves.

2. Look at the picture marked number 2 in your textbook.
    (A) The ivy is growing around a chimney.
    (B) The ivy is growing on a roof.
    (C) The ivy is growing in a pot.
    (D) The ivy is growing on the wall.

Part 1 Chapter 12　解答解説

1. (A) いる　40人のエンタテナーが
   (B) 4人の演者が　かぶっている　帽子を
   (C) 4人の男性は　演じている　屋上ガーデンで
   (D) 4人のエンタテナーは　着ている　しまのジャケットを

entertainer　芸人（歌手など）　　performer　演者　　wear　着る（かぶる）
perform　演じる　　roof　屋根　　a roof-top garden　屋上の庭
striped　しまの

2. (A) 彼は　身に着けている　しまのネクタイを
   (B) 彼は　かいている　彼の頭を
   (C) 彼は　乾かしている　彼の髪を
   (D) 彼は　こすりあわせている　彼の両手を　互いに
   　　　→彼は自分の両手をこすり合わせている

scratch　（かゆい所など）をかく　　dry　乾かす　　rub　こすりあわせる
together　互いに　　rub 〜 together　〜をこすり合わせる

Chapter 12 解答　1 ― B，2 ― B

Chapter 14

🔴 1-15 スロースピード 🔴 2-39 ノーマルスピード

Part 1

1

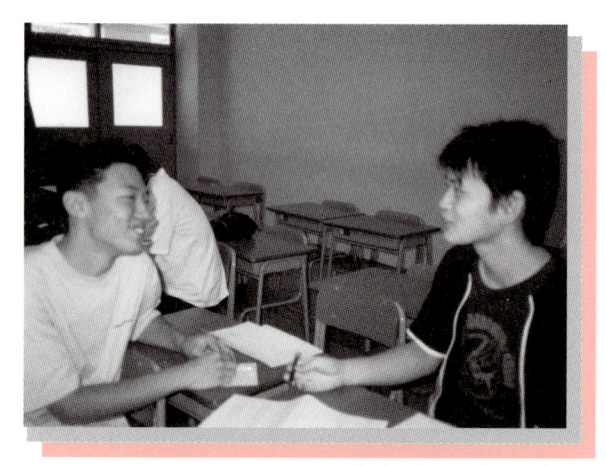

(A) (B) (C) (D)

2

(A) (B) (C) (D)

ゼンメソッドをしよう！
p.18参照

Part 1 Chapter 14

1. Look at the picture marked number 1 in your textbook.
    (A) The two women are facing each other.
    (B) The two men look sad.
    (C) The two men are having a good time chatting.
    (D) One man is interviewing the other for a job.

2. Look at the picture marked number 2 in your textbook.
    (A) The man has his arm around the woman's shoulder.
    (B) The man is patting the woman on the back.
    (C) The couple are decorating the Christmas tree.
    (D) The couple are facing the Christmas tree.

Part 1 Chapter 13　解答解説

1. (A)　コアラが　休んでいる　木で
   (B)　コアラが　ひったくろうとしている　葉を
   (C)　葉が　茂っている　壁の上に
   (D)　コアラが　休んでいる　葉の上で

   koala bear　コアラ　　rest　休憩する
   in 〜　　〜の中に（木のまたにいる→木の中にいる感じ）
   (参考:on 〜　接触を表す　on the tree　木のてっぺんに乗っかっている感じ)
   snatch at 〜　　（強引に）〜をひったくる　　grow　（木などが）茂る
   wall　壁

2. (A)　ツタが　茂っている　煙突のまわりに
   (B)　ツタが　茂っている　屋根の上に
   (C)　ツタが　茂っている　鉢に
   (D)　ツタが　茂っている　壁の上に

   around 〜　〜のまわりに　　chimney　煙突　　pot　鉢
   Chapter 13　解答　1 ― A, 2 ― D

Chapter 15

🎧 1-16 スロースピード 🎧 2-40 ノーマルスピード

Part 1

1️⃣

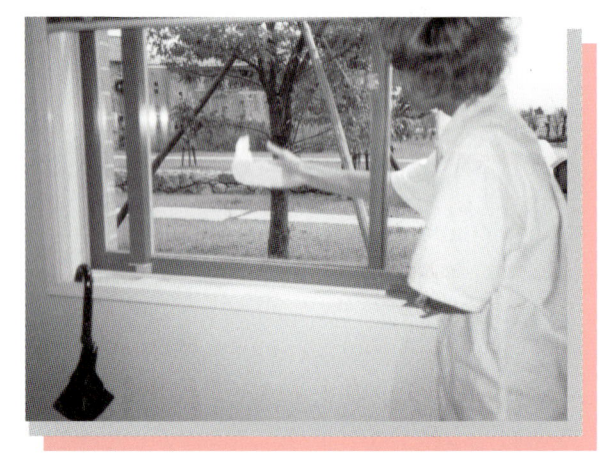

(A) (B) (C) (D)

2️⃣

(A) (B) (C) (D)

ゼンメソッドをしよう！
p.18参照

48

Part 1 Chapter 15

1. Look at the picture marked number 1 in your textbook.
    - (A) This person is getting out through the window.
    - (B) This person is weeping by the window.
    - (C) This person is wiping the window.
    - (D) This person is wiping his glasses.

2. Look at the picture marked number 2 in your textbook.
    - (A) The students are greeting each other.
    - (B) The students are wiping their desks.
    - (C) There are more than four students in the room.
    - (D) There are fewer than four students in the room.

Part 1 Chapter 14　解答解説

1. (A) 2人の女性は　面している　互いに
    →2人の女性は向かい合っている
    (B) 2人の男性は　見える　悲しそうに
    (C) 2人の男性は　楽しく過ごしている　おしゃべりして
    (D) 1人の男性は　面接している　他方に　仕事のために
    face　面する　　each other　互いに
    look sad　悲しそうに見える⇔look happy　楽しそうに見える
    have a good time ～ing　～して楽しく過ごす　　interview　面接する

2. (A) 男性は　持っている　彼の腕を　女性の肩のまわりに
    →男性は腕を女性の肩に回している
    (B) 男性は　軽くたたいている　女性を　その背中の上で
    →男性は女性の背中を軽くたたいている
    (C) カップルは　飾っている　クリスマスツリーを
    (D) カップルは　面している　クリスマスツリーに
    →カップルはクリスマスツリーの方を向いている
    around ～　～のまわりに　　shoulder　肩　　pat　軽くたたく　　back　背中
    pat one on the back　の背中を軽くたたく（参考:pat one on the head　～の顔を軽くたたく）
    decorate　飾る

Chapter 14　解答　1―C，2―A

Chapter 16

⊙ 1-17 スロースピード　　⊙ 2-41 ノーマルスピード

Part 1

1

(A) (B) (C) (D)

2

(A) (B) (C) (D)

ゼンメソッドをしよう！
p.18参照

Part 1 Chapter 16

1. Look at the picture marked number 1 in your textbook.
    (A) The street is long and winding.
    (B) There is a pedestrian crossing the street.
    (C) Some cars are parked in the middle of the street.
    (D) Cars are parked on both sides of the street.

2. Look at the picture marked number 2 in your textbook.
    (A) There are sidewalks on both sides of the street.
    (B) The cherry blossoms are in full bloom.
    (C) The trees are in full leaf.
    (D) The cherry blossoms are out of season.

Part 1 Chapter 15　解答解説

1. (A) この人は　外へ出ようとしている　窓を通って
   (B) この人は　涙をながしている　窓のそばで
   (C) この人は　ふいている　窓を
   (D) この人は　ふいている　彼のメガネを
   get out through ～　　～を通って外へ出る
   weep　涙を流す　　wipe　ふく　　glasses　メガネ

2. (A) 学生たちは　挨拶をしている　互いに
   (B) 学生たちは　ふいている　彼らの机を
   (C) いる　4人以上の学生が　部屋に
   (D) いる　4人以下の学生が　部屋に
   greet　挨拶する　　each other　互いに
   fewer than ～　　～以下の⇔ more than ～　　～以上の

Chapter 15　解答　1 ― C, 2 ― C

17 Chapter 17 🔘1-18 🔘2-42
スロースピード　ノーマルスピード

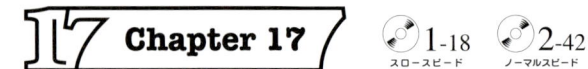

Part 1

1

(A) (B) (C) (D)

2

(A) (B) (C) (D)

ゼンメソッド
をしよう！
p.18参照

Part 1 Chapter 17
1. Look at the picture marked number 1 in your textbook.
    (A) One man is reading a book while the other listens.
    (B) The two men are reading a book together.
    (C) The two men are standing side by side.
    (D) The two men are sitting close together.

2. Look at the picture marked number 2 in your textbook.
    (A) The two ducks are kept in a cage.
    (B) There are two ducks standing on the shore.
    (C) There are two toy ducks floating in a bathtub.
    (D) The two ducks are swimming in a similar direction.

Part 1 Chapter 16　解答解説
1. (A) 通りは　長い　そして　曲がりくねっている
   (B) いる　歩行者が　渡って　通りを
      →通りを渡っている歩行者がいる
   (C) 何台かの車が　駐車されている　真ん中に　通りの
      →通りの真ん中に車が止まっている
   (D) 車が　駐車されている　両側に　通りの
      →通りの両側に車がとまっている

   winding　曲がりくねった　　pedestrian　歩行者　　cross　〜　〜を渡る
   park　駐車する　　in the middle of 〜　〜の真ん中に　　both　両方の
   on both sides of 〜　〜の両側に

2. (A) ある　歩道が　両側に　通りに → 通りの両側に歩道がある
   (B) 桜は　ある　満開で→桜は満開である
   (C) 木は　ある　葉が生い茂って → 葉が生い茂っている
   (D) 桜は　ある　季節外れで → 桜は咲いていない

   sidewalk　歩道　　cherry blossom　桜　　in full bloom　満開で
   in full leaf　葉が生い茂って
   out of season　季節外れで⇔in season　出盛りで

Chapter 16　解答　1 — D, 2 — B

Chapter 18

🎧 1-19
ノーマルスピード

Part 1

1 (A) (B) (C) (D)

2 (A) (B) (C) (D)

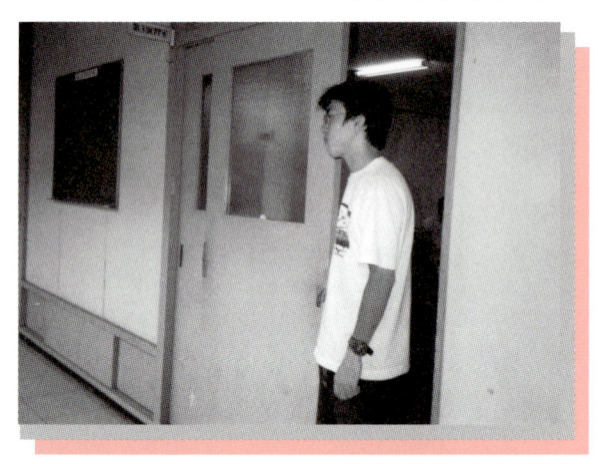

ゼンメソッドをしよう！
p.18参照

Part 1 Chapter 18

1. Look at the picture marked number 1 in your textbook.
   - (A) The man was knocked out.
   - (B) The man is packing his bag.
   - (C) The man is locking the door.
   - (D) The man is knocking on the door.

2. Look at the picture marked number 2 in your textbook.
   - (A) The man is knocking down the door.
   - (B) The man is crossing the room.
   - (C) A man wearing a T-shirt is at the door.
   - (D) The man is walking down the corridor.

Part 1 Chapter 17　解答解説

1. (A) 1人の男性が　読んでいる　本を　一方　他方は　聞いている
   (B) 2人の男性が　読んでいる　本を　一緒に
   (C) 2人の男性が　立っている　横に並んで
   (D) 2人の男性が　座っている　近くに　互いに
   while 〜　一方〜　　side by side　横に並んで　　close　近くに
   together　一緒に、互いに

2. (A) 2匹のあひるが　飼われている　かごの中で
   (B) いる　2匹のあひるが　立って　岸に
   　　→ 2匹のあひるが岸に立っている
   (C) いる　2匹のおもちゃのあひるが　浮いて　浴槽に
   　　→ 2匹のおもちゃのあひるが浴槽に浮いている
   (D) 2匹のあひるが　泳いでいる　同様の方向へ
   keep　飼う　　cage　鳥かご　　shore　岸　　float　浮かぶ
   bathtub　浴槽　　similar　同様の
   direction　方向（参考: in the direction of 〜　〜の方向へ）
   Chapter 17 解答　1 — A, 2 — D

Chapter 19
🔘 1-20
ノーマルスピード

Part 1

1

(A) (B) (C) (D)

2

(A) (B) (C) (D)

ゼンメソッドをしよう！

p.18参照

Part 1 Chapter 19
1. Look at the picture marked number 1 in your textbook.
    (A) The hall is under construction.
    (B) There are some round tables in the hall.
    (C) Some people are dining in a circle.
    (D) Some people are preparing to dive.

2 Look at the picture marked number 2 in your textbook.
    (A) Some people are preparing a meal in the kitchen.
    (B) Some people are making a workbench.
    (C) Some people are making something in the workshop.
    (D) Some people are working in a darkroom.

Part 1 Chapter 18　解答解説
1. (A) 男性は　ノックアウトされた
   (B) 男性は　詰めている　彼のカバンに
   (C) 男性は　鍵をかけている　ドアに
   (D) 男性は　ノックしている　ドアを
   knock out　（ボクシング）ノックアウトする　　pack 〜　〜に詰める
   lock　鍵をかける　　knock on the door　ドアをノックする

2. (A) 男性は　取り壊している　ドアを
   (B) 男性は　横切っている　部屋を
   (C) 男性は　Tシャツを着て　ドアのところにいる
       →Tシャツを着た男性がドアの所にいる
   (D) 男性は　歩いている　廊下を
   knock down 〜　〜を取り壊す　　cross 〜　〜を横切る
   down 〜　〜に沿って（参考:walk down a street　通りを歩く）
   corridor　廊下
   Chapter 18 解答　1 — D, 2 — C

2⃣0⃣ Chapter 20 🎧 1-21
ノーマルスピード

Part 1

1⃣

　　　　　　　　　　(A) (B) (C) (D)

2⃣

　　　　　　　　　　(A) (B) (C) (D)

> ゼンメソッドをしよう！
> p.18参照

Part 1 Chapter 20

1. Look at the picture marked number 1 in your textbook.
   - (A) The woman is holding her knees.
   - (B) The woman is on a rocky beach.
   - (C) The woman is splashing through the water.
   - (D) The woman is kneeling on the sand.

2. Look at the picture marked number 2 in your textbook.
   - (A) She is sitting on the brick wall.
   - (B) She is pointing at the sign.
   - (C) She is kneeling before the wall.
   - (D) She is studying a map in front of the wall.

Part 1 Chapter 19　解答解説

1. (A) ホールは　ある　建設下に→ホールは建設中である
   (B) ある　丸テーブルが　ホールに→丸テーブルがホールにある
   (C) 何人かの人々が　食事をしている　輪になって
   (D) 何人かの人々が　準備をしている　飛び込むために
   　　→飛び込む準備をしている人がいる

   under construction　建設中で　　round　丸い⇔square　四角い
   dine　食事をする　　in a circle　輪になって　　prepare　準備をする
   dive　飛び込む

2. (A) 何人かの人々が　準備をしている　食事を　台所で
   　　→台所で食事を準備している人がいる
   (B) 何人かの人々が　作っている　作業台を
   (C) 何人かの人々が　作っている　何かを　作業場で
   　　→作業場で何かを作っている人がいる
   (D) 何人かの人々が　作業をしている　暗室で

   meal　食事　　kitchen　台所　　workbench　作業台
   workshop　作業場　　darkroom　暗室

Chapter 19　解答　1 — B, 2 — C

Chapter 21

🄫 1-22
ノーマルスピード

Part 1

①

(A) (B) (C) (D)

②

(A) (B) (C) (D)

ゼンメソッドをしよう！
p.18参照

Part 1 Chapter 21
1 Look at the picture marked number 1 in your textbook.
　　(A)　The six men are clapping their hands.
　　(B)　The six men are praying.
　　(C)　The six men are taking a nap.
　　(D)　The six men are wrapping gifts.

2. Look at the picture marked number 2 in your textbook.
　　(A)　They are leaving the computer class.
　　(B)　They are taking a computer class.
　　(C)　They are taking a nap in the computer room.
　　(D)　They are taking part in a PE class.

Part 1 Chapter 20　解答解説
1. (A)　女性が　かかえている　彼女の膝を
　 (B)　女性が　いる　岩の多い浜に
　 (C)　女性が　水をはねながら行く
　 (D)　女性が　膝まずいている　砂の上で

　　hold one's knees　膝をかかえる　　rocky　岩の多い
　　beach　浜　　splash through the water　水をはねながら行く
　　kneel　ひざまずく　　sand　砂

2. (A)　彼女は　座っている　れんがの壁の上に
　 (B)　彼女は　指している　標識を
　 (C)　彼女は　膝まずいている　壁の前で
　 (D)　彼女は　調べている　地図を　壁の前で

　　brick　れんが　　point at ～　～を指さす　　sign　標識
　　study a map　地図を調べる

Chapter 20 解答　1 ― D, 2 ― A

22 Chapter 22

🎵 1-23
ノーマルスピード

Part 1

1

(A) (B) (C) (D)

2

(A) (B) (C) (D)

ゼンメソッドをしよう！
p.18参照

Part 1 Chapter 22

1. Look at the picture marked number 1 in your textbook.
    (A) The cat is getting out of bed.
    (B) The cat is sleeping under the bed.
    (C) The cat is lying face down.
    (D) The cat is lying on its back.

2. Look at the picture marked number 2 in your textbook.
    (A) The sea otter is underwater.
    (B) The sea otter is raising its tail.
    (C) The sea otter is floating face up.
    (D) The sea otter is lying face up on the shore.

Part 1 Chapter 21 解答解説

1. (A) 6人の男性が　拍手している
   (B) 6人の男性が　祈っている
   (C) 6人の男性が　うたた寝をしている
   (D) 6人の男性が　包んでいる　贈り物を

   clap one's hands　拍手する　　pray　祈る　take a nap　うたた寝をする
   wrap　包む　　gift　贈り物

2. (A) 彼らは　去るところである　コンピュータークラスを
   (B) 彼らは　受けている　コンピュータークラスを
   (C) 彼らは　うたた寝をしている　コンピュータールームで
   (D) 彼らは　参加している　体育のクラスに

   leave　去る　　take　(授業などを) 受ける
   take part in ～　～に参加する　　PE = physical education　体育

Chapter 21 解答　1 ― A　2 ― B

Chapter 23

Part 1

1-24
ノーマルスピード

1

(A) (B) (C) (D)

2

(A) (B) (C) (D)

ゼンメソッドをしよう！
p.18参照

64

Part 1 Chapter 23
1. Look at the picture marked number 1 in your textbook.
   - (A) The man and the boy are on the train.
   - (B) The man and the boy are shaking hands.
   - (C) The man and the boy are waving good-bye.
   - (D) The man and the boy are waiting for the train.

2. Look at the picture marked number 2 in your textbook.
   - (A) The men are holding up their arms.
   - (B) The men are shaking hands.
   - (C) The men are shaking their fists.
   - (D) The men are changing their clothes.

Part 1 Chapter 22　解答解説
1. (A) 猫が　出てきている　ベッドから
   (B) 猫が　寝ている　ベッドの下で
   (C) 猫が　横になっている　うつぶせに
   (D) 猫が　横になっている　その背中の上に
   　　→猫が仰向けに寝ている

   lie・lay・lain（活用）　lying　進行形　lie　横たわる
   lie face down　うつぶせに寝る⇔ lie face up　仰向けに寝る
   lie on one's back　仰向けに寝る

2. (A) ラッコが　いる　水中に
   (B) ラッコが　上げている　その尾を
   (C) ラッコが　浮かんでいる　仰向けに
   (D) ラッコが　横になっている　仰向けに　岸で
   　　→ラッコが岸で仰向けに寝ている

   sea otter　ラッコ　　underwater　水中に　　raise　上げる　　tail　尾
   float　浮かぶ　　shore　岸

   Chapter 22　解答　1 ― D, 2 ― C

24 Chapter 24　🔘 1-25

Part 1

1

(A) (B) (C) (D)

2

(A) (B) (C) (D)

ゼンメソッドをしよう！
p.18参照

Part 1 Chapter 24
1. Look at the picture marked number 1 in your textbook.
    - (A) She is holding a cap under her arm.
    - (B) She is stirring something in the cup.
    - (C) She is looking at the stars.
    - (D) She is staring at her hand.

2. Look at the picture marked number 2 in your textbook.
    - (A) The sign warns that it is dangerous to swim here.
    - (B) The man is holding a skateboard under his arm.
    - (C) The man is balancing himself on the surfboard.
    - (D) The man is burying the sign in a hole.

Part 1 Chapter 23　解答解説
1. (A) 男性と男の子が　電車に乗っている
   (B) 男性と男の子が　握手をしている
   (C) 男性と男の子が　手を振ってさよならをしている
   (D) 男性と男の子が　待っている　電車を
   be on a train　電車に乗っている　　shake hands　握手する
   wave　手を振る　　wave good-bye　手を振ってさよならをする
   wait for 〜　〜を待つ

2. (A) 男性たちは　あげている　彼らの腕を
   (B) 男性たちは　握手している
   (C) 男性たちは　振っている　彼らのこぶしを
   (D) 男性たちは　着替えをしている
   holdup　（手など）あげる　　arm　腕　　fist　こぶし
   change one's clothes　着替えをする

Chapter 23　解答　1 ― C, 2 ― B

Chapter 25

🎵 1-26
ノーマルスピード

Part 1

1️⃣

(A) (B) (C) (D)

2️⃣

(A) (B) (C) (D)

ゼンメソッドをしよう！
p.18参照

Part 1 Chapter 25
1. Look at the picture marked number 1 in your textbook.
　　(A) Someone is planting flowers.
　　(B) Someone is pouring water into the container.
　　(C) Someone is watering the flowers.
　　(D) Someone is plucking the flowers.

2. Look at the picture marked number 2 in your textbook.
　　(A) She is pouring juice into the cup.
　　(B) She has spilled juice all over the table.
　　(C) She is using a mixer to make juice.
　　(D) She is buying a bottle of juice.

Part 1 Chapter 24　解答解説
1. (A) 彼女は　保持している　帽子を　彼女の腕の下に
　　　　→彼女は脇の下に帽子をはさんでいる
　 (B) 彼女は　かき混ぜている　何かを　コップの中で
　　　　→彼女はコップの中のものをかきまぜている
　 (C) 彼女は　見ている　星を
　 (D) 彼女は　じっと見つめている　彼女の手を
　　hold　保持する、振る　　stir　かき混ぜる　　stare at〜　〜をじっと見つめる

2. (A) 標識は　警告している　それは危ないと　泳ぐことは　ここで
　　　　→標識はここで泳ぐのは危ないと警告している
　 (B) 男性は　保持している　スケートボードを　彼の腕の下に
　　　　→男性はスケートボードを脇に抱えている
　 (C) 男性は　バランスをとっている　サーフボードの上で
　 (D) 男性は　埋めている　標識を　穴の中に
　　　　→男性は標識を穴の中に埋めている
　　sign　標識　　warn　警告する　　balance oneself　体の釣り合いをとる
　　bury　埋める　　hole　穴

Chapter 24 解答　1―B, 2―A

Chapter 26

🔘 1-27
ノーマルスピード

Part 1

1

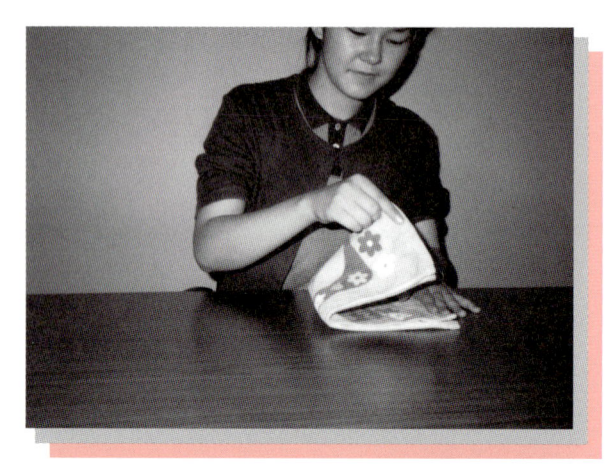

(A) (B) (C) (D)

2

(A) (B) (C) (D)

ゼンメソッドをしよう！
p.18参照

Part 1 Chapter 26
1. Look at the picture marked number 1 in your textbook.
    - (A) She is wringing out her wet handkerchief.
    - (B) She is folding her handkerchief on the desk.
    - (C) She is picking up her handkerchief from the desk.
    - (D) She is crumpling her handkerchief in her hand.

2. Look at the picture marked number 2 in your textbook.
    - (A) The sandwich is served with juice.
    - (B) The sandwich is on a square tray.
    - (C) Someone is biting a piece of the sandwich.
    - (D) Someone is picking up a piece of the sandwich.

Part 1 Chapter 25　解答解説
1. (A) 誰かが　植えている　花を
　(B) 誰かが　注いでいる　水を　容器に
　(C) 誰かが　水をやっている　花に
　(D) 誰かが　摘んでいる　花を
　plant　植える　　pour　注ぐ、つぐ　　container　容器
　water　水をかける　　pluck　摘む、引き抜く

2. (A) 彼女は　ついでいる　ジュースを　コップの中へ
　(B) 彼女は　こぼしてしまった　ジュースを　テーブル全体に
　(C) 彼女は　使っている　ミキサーを　作るために　ジュースを
　(D) 彼女は　買っている　一瓶のジュースを
　spill　こぼす
　all over the table　テーブル全体に（参考: all over the world　世界中に）
　mixer　ミキサー　　a bottle of juice　一瓶のジュース
Chapter 25　解答　1―C, 2―A

27 Chapter 27

🔘 1-28
ノーマルスピード

Part 1

1

(A) (B) (C) (D)

2

(A) (B) (C) (D)

ゼンメソッドをしよう！
p.18参照

Part 1 Chapter 27

1. Look at the picture marked number 1 in your textbook.
   - (A) The coast is lined with houses.
   - (B) This is a big coastal city.
   - (C) The village lies on the hill.
   - (D) The houses are built far apart from each other.

2. Look at the picture marked number 2 in your textbook.
   - (A) The coast is lined with ships.
   - (B) A thick cloud is hiding the sun.
   - (C) The sunlight is reflected on the sea.
   - (D) The sun is high up in the sky.

Part 1 Chapter 26　解答解説

1. (A) 彼女は　絞っている　彼女のぬれたハンカチを
   (B) 彼女は　折りたたんでいる　彼女のハンカチを　机の上で
   (C) 彼女は　つまみ上げている　彼女のハンカチを　机から
   (D) 彼女は　丸めている　彼女のハンカチを　手の中で
   wring・wrung・wrung（活用）wring out　絞る　　fold　折りたたむ
   pick up 〜　〜をつまみ上げる　　crumple　丸める、しわくちゃにする

2. (A) サンドイッチが　出されている　ジュースと一緒に
   (B) サンドイッチが　ある　四角いトレーの上に
   (C) 誰かが　かじっている　ひと切れのサンドイッチを
   (D) 誰かが　つまみ上げている　ひと切れのサンドイッチを
   serve　（食卓に）出す　　bite・bit・bitten（活用）bite　かむ
   a piece of the sandwich　サンドイッチひと切れ

Chapter 26　解答　1 ― B, 2 ― D

28 Chapter 28
🔘 1-29
ノーマルスピード

Part 1

1

(A) (B) (C) (D)

2

(A) (B) (C) (D)

ゼンメソッドをしよう！
p.18参照

74

Part 1 Chapter 28

1. Look at the picture marked number 1 in your textbook.
    (A) There is a rope ladder at the construction site.
    (B) The radar tower is on the ship.
    (C) There is a ladder leaning against the wall.
    (D) The ladder has fallen down onto the ground.

2. Look at the picture marked number 2 in your textbook.
    (A) The two women are dressed in white.
    (B) The bride is smiling for her photograph.
    (C) The bridegroom is holding a bouquet.
    (D) The bride is leaning against the pillar.

Part 1 Chapter 27　解答解説

1. (A) 海岸には　並んでいる　家が
   (B) これは　大きな海岸の都市である
   (C) 村は　ある　丘の上に
   (D) 家は　建てられている　遠く離れて　互いから
   　　→家が互いに遠く離れて建っている

   coast　海岸
   …is lined with ～　…には～が並んでいる（Houses line the coast.　家が　並んでいる　海岸に）
   coastal　海岸の　　　village　村　　lie　位置する、広がっている
   build・built・built（活用）　建てる　　far　遠くに⇔near　近く
   apart from ～　～から離れて

2. (A) 海岸には　並んでいる　船が
   (B) 厚い雲が　隠している　太陽を
   (C) 太陽の光が　映っている　海の上に
   (D) 太陽は　ある　高く上に　空に→太陽が空高く昇っている

   thick　厚い　　hide・hid・hidden（活用）　隠す
   be reflected　映っている

Chapter 27 解答　1 — A, 2 — C

29 Chapter 29

Part 1

1

(A) (B) (C) (D)

2

(A) (B) (C) (D)

ゼンメソッドをしよう！
p.18参照

Part 1 Chapter 29

1. Look at the picture marked number 1 in your textbook.
    - (A) The trees grow thickly together.
    - (B) There are no clouds in the sky.
    - (C) The palm trees are swaying in the breeze.
    - (D) There are many coconuts on the ground.

2. Look at the picture marked number 2 in your textbook.
    - (A) There is a plant on the top of the refrigerator.
    - (B) There is a plant on the top of the chest.
    - (C) All the drawers are open.
    - (D) The long curtains are swaying in the wind.

Part 1 Chapter 28 解答解説

1. (A) ある　ロープのはしごが　建設現場に
   (B) レーダー塔が　ある　船の上に
   (C) ある　はしごが　もたれて　壁に
      →はしごが壁にかかっている
   (D) はしごは　倒れた　地面へと

   ladder　はしご　　construction site　建設現場　　radar　レーダー
   tower　塔　　lean against ～　～にもたれる
   fall down onto ～　～へと倒れる
   fall・fell・fallen（活用）落ちる（have+過去分詞→完了）　　ground　地面

2. (A) 2人の女性は　装っている　白で
      →2人の女性は白い服を着ている
   (B) 花嫁は　ほほえんでいる　彼女の写真のために
      →花嫁はカメラに向かってほほえんでいる
   (C) 花嫁は　握っている　ブーケを
   (D) 花嫁は　もたれている　柱に

   be dressed in ～　～で装っている　　bride　花嫁　　bridegroom　花婿
   hold　握る　　bouquet　ブーケ、花束　　pillar　柱

   Chapter 28 解答　1 — C、2 — B

30 Chapter 30

🔘 1-31
ノーマルスピード

Part 1

1

(A) (B) (C) (D)

2

(A) (B) (C) (D)

ゼンメソッドをしよう！
p.18参照

Part 1 Chapter 30

1. Look at the picture marked number 1 in your textbook.
    - (A) Someone is hugging the polar bear.
    - (B) The polar bear is behaving violently.
    - (C) The polar bear has slipped off the rock.
    - (D) The polar bear has its head lowered.

2. Look at the picture marked number 2 in your textbook.
    - (A) The dog is wagging its tail.
    - (B) Someone is playing with the dog.
    - (C) The dog is sleeping on the steps.
    - (D) The dog is standing still.

Part 1 Chapter 29　解答解説

1. (A) 木々が　生えている　こんもりと　一緒に
    →木が生い茂っている
   (B) ない　雲が　空に
   (C) ヤシの木が　揺れている　そよ風に
   (D) ある　たくさんのココナッツが　地面の上に

   grow　（草木が）生える　　thickly　こんもりと　　cloud　雲　　palm　ヤシ
   sway　揺れる　　breeze　そよ風　　in the breeze　そよ風に
   coconut　ココナッツ

2. (A) ある　植物が　てっぺんに　冷蔵庫の
   (B) ある　植物が　てっぺんに　たんすの
   (C) すべての引き出しは　開いている
   (D) 長いカーテンが　揺れている　風に

   plant　植物　　on the top of ～　～のてっぺんに
   refrigerator　冷蔵庫　　chest　たんす　　drawer　引き出し
   curtain　カーテン　　in the wind　風に

   Chapter 29　解答　1 — C, 2 — B

31 Chapter 31 🔘 1-32
ノーマルスピード

Part 1

1

(A) (B) (C) (D)

2

(A) (B) (C) (D)

ゼンメソッド
をしよう！

p.18参照

Part 1 Chapter 31
1. Look at the picture marked number 1 in your textbook.
    (A) There is some information on the screen.
    (B) There are some computers on display in the showroom.
    (C) There is a landscape painting hanging from the ceiling.
    (D) The display on the screen has gone out.

2. Look at the picture marked number 2 in your textbook.
    (A) They are polishing the silver photo stands.
    (B) There is a Christmas wreath hanging on the wall.
    (C) They are standing back to back.
    (D) They are looking at the photos on the fireplace.

Part 1 Chapter 30　解答解説
1. (A) 誰かが　抱き締めている　北極熊を
    (B) 北極熊が　振舞っている　激しく→北極熊が暴れている
    (C) 北極熊が　滑ってしまった　岩から
    (D) 北極熊が　(状態を) 持っている　その頭が　下げられた
        →北極熊が頭を下げている
    hug　抱きしめる　　polar bear　北極熊　　behave　振る舞う
    violently　激しく　　slip　滑　　off ～　～から (離れて)
    slip off ～　～から滑る　　rock　岩　　lower　下げる、低くする

2. (A) 犬が　振っている　その尾を
    (B) 誰かが　遊んでいる　犬と一緒に
    (C) 犬が　寝ている　階段で
    (D) 犬が　立っている　じっと
    wag its tail　しっぽを振る　　steps　階段　　still　じっと

Chapter 30 解答　1 — D、2 — D

Chapter 32

Part 1

🔘 1-33
ノーマルスピード

1

(A) (B) (C) (D)

2

(A) (B) (C) (D)

ゼンメソッド
をしよう！

p.18参照

Part 1 Chapter 32

1. Look at the picture marked number 1 in your textbook.
   (A) The man is tossing the comb.
   (B) The man is tying his hair.
   (C) The man is combing his hair.
   (D) The man is brushing his teeth.

2. Look at the picture marked number 2 in your textbook.
   (A) One man is putting out his cigarette.
   (B) One man is tossing a cigarette.
   (C) The five men are quarreling.
   (D) One man is stretching out his hand.

Part 1 Chapter 31　解答解説

1. (A) ある　インフォメーションが　スクリーンの上に
   (B) ある　コンピューターが　展示されて　ショールームに
   　　→コンピューターがショールームに展示されている
   (C) ある　風景画が　ぶら下がって　天井から
   (D) ディスプレーが　スクリーンの上の　消えてしまった

information　情報（a がつかない抽象名詞）　　on display　展示されて
landscape painting　風景画　　hang　ぶら下がっている　　ceiling　天井
go out　消える

2. (A) 彼らは　磨いている　銀の写真たてを
   (B) ある　クリスマスリースが　ぶら下がって　壁に
   　　→クリスマスリースが壁にかかっている
   (C) 彼らは　立っている　背中合わせに
   (D) 彼らは　見ている　写真を　暖炉の上の
   　　→彼らは暖炉の上にある写真を見ている

polish　磨く　　silver　銀の　　photo stand　写真立て　　wreath　花輪
stand back to back　背中合わせに立つ　　fireplace　暖炉

Chapter 31 解答　1 ― A, 2 ― B

Chapter 33

Part 1 🔊 1-34 ノーマルスピード

1　(A) (B) (C) (D)

2　(A) (B) (C) (D)

ゼンメソッドをしよう！
p.18参照

Part 1 Chapter 33

1. Look at the picture marked number 1 in your textbook.
   (A) The food is being served onto the dish.
   (B) The table is covered with a patterned cloth.
   (C) The plate is being passed from hand to hand.
   (D) The food is being baked in an oven.

2. Look at the picture marked number 2 in your textbook.
   (A) Dead leaves are blowing in the wind.
   (B) There are some dead leaves in the ditch.
   (C) Dead leaves are scattered on the ground.
   (D) Weeds cover the ground.

Part 1 Chapter 32　解答解説

1. (A) 男性が　軽く投げている　櫛を
   (B) 男性が　くくっている　彼の髪を
   (C) 男性が　といている　彼の髪を
   (D) 男性が　磨いている　彼の歯を
   toss　軽く投げる　　comb　櫛、櫛でとく　　tying（進行形）tie　くくる
   brush　磨く、ブラシをかける　　teeth　歯（複数形）→ tooth（単数形）

2. (A) 1人の男性が　消している　彼の煙草を
   (B) 1人の男性が　軽く投げている　煙草を
   (C) 5人の男性が　けんかをしている
   (D) 1人の男性が　伸ばしている　彼の手を
   put out　（火を）消す　　cigarette　煙草　　quarrel　けんかをする
   stretch (out)　伸ばす

Chapter 32　解答　1－C, 2－D

Chapter 34　🔊 1-35

Part 1

1

(A) (B) (C) (D)

2

(A) (B) (C) (D)

ゼンメソッド
をしよう！

p.18参照

86

Part 1 Chapter 34

1. Look at the picture marked number 1 in your textbook.
    - (A) There is a cliff overlooking the beach.
    - (B) There are some footprints on the beach.
    - (C) There is a storm and the sea is rough.
    - (D) There are some large stones dotting the beach.

2. Look at the picture marked number 2 in your textbook.
    - (A) The fireworks have not started yet.
    - (B) There is a fireworks display in the sky.
    - (C) There is a flash of lightning in the sky.
    - (D) There are some stars dotting the sky.

Part 1 Chapter 33 解答解説

1. (A) 食べ物が　出されるところである　皿の上へと
   (B) テーブルは　おおわれている　柄物の布で
   (C) 皿が　次々に回されている　手から手へと
   (D) 食べ物が　焼かれている　オーブンの中で

   serve　（飲食物を）出す　　dish　皿
   be covered with ～　～でおおわれている　　patterned　柄物の
   pass　物が次々に回される　　from hand to hand　手から手へと　　bake　焼く

2. (A) 落ち葉が　吹かれて飛んでいる　風に
   (B) ある　落ち葉が　みぞに
   (C) 落ち葉が　まき散らされている　地面に
   (D) 雑草が　おおっている　地面を

   dead leaves　落ち葉　　blow　風に吹かれて飛ぶ、風が吹く
   ditch　みぞ　　scatter　まき散らす　　weed　雑草　　cover　おおう

Chapter 33 解答　1 － A，2 － C

即効！スコアに差！『ゼンメソッド』実践法

パート2 解答法
　まず疑問文が流れます。次に英文A，B，C，が流れます。先の疑問文の応答として適切と思われるものを1つ選びます。

パート2 集中法（英語がはっきりゆっくり聞こえる法）
（1）　一方向をぼんやりを眺めながら英語を聞きます。それと同時に
（2）　鼻からゆっくりと、息を長く吐きながら英語を聞きます。
　※吐けば自然に吸い込むので、吸うことは気にする必要はありません。

リスニングの際、(1) と (2) をすると
集中力（リスニングスコア）アップ！

リスニング集中法『ゼンメソッド』では、穏やかにゆっくりと、少しずつ鼻から息を吐いていくので、あたかも息が止まっているような感じがします。集中力が高まり、音と自分とが一体になる感じです。

※『ゼンメソッド』の要領がすぐにつかめない場合があるかもしれません。それでもリスニングをする時は毎回実践しましょう。平均4～5回練習すると要領がつかめるでしょう。

　なお本書の対訳は、直読直解に慣れるように、できるだけ英語の語順で並べてあります。

※訳文の日本語を英単語に置き換えてみましょう。英文がすぐに口から出てくるのを体験できます。

Chapter 35

🔘 1-36 🔘 2-43

Part 2

1. Mark your answer on your answer sheet.
   (A) (B) (C)

2. Mark your answer on your answer sheet.
   (A) (B) (C)

ゼンメソッド
をしよう！
p.88参照

Part 2 Chapter 35

1. May I use the computer?
    (A) Computers are useful.
    (B) Pretty good.
    (C) Why not?

2. What's so new about this computer?
    (A) It's manually operated.
    (B) You can wear it.
    (C) Yes, I knew it.

Part 1 Chapter 34　解答解説

1. (A) ある　崖が　見渡す　浜を
    →崖からは浜が見渡せる
   (B) ある　いくつかの足跡が　浜に
   (C) ある　嵐が　そして　海は　荒れている
    →嵐が来て海が荒れている
   (D) ある　いくつかの大きな石が　浜に点在して
    →大きな石が浜に点在している
   cliff　崖　　overlook ～　（場所や建物などが）～を見渡す（状態である）
   footprint　足跡　　storm　嵐　　rough　（海、天候など）荒れた
   dot ～　～に点在する、点

2. (A) 花火は　始まっていない　まだ
   (B) ある　花火の打ち上げが　空に→花火が空に上がっている
   (C) ある　稲光が　空に→稲光が空に光っている
   (D) ある　いくつかの星が　空に点在して
    →星が空に点在している
   not ～ yet　まだ～ない　　a fireworks display　花火の打ち上げ
   a flash of lightning　稲光
   Chapter 34　解答　1 — D, 2 — B

Chapter 36

Part 2

1. Mark your answer on your answer sheet.
   (A) (B) (C)

2. Mark your answer on your answer sheet.
   (A) (B) (C)

ゼンメソッドをしよう！

p.88参照

Part 2 Chapter 36

1. How big is the package?
    - (A) There are more than ten.
    - (B) It's about the size of a brick.
    - (C) Yes, it's quite big.

2. How tall is the building?
    - (A) It's ten years old.
    - (B) Bill is taller than I.
    - (C) It's ten stories.

Part 2 Chapter 35　解答解説

1. いいですか　使っても　コンピューターを
    - (A) コンピューターは　役にたちます
    - (B) とても元気
    - (C) なぜいけないのですか→もちろん

    May I ～　～してもいいですか　　useful　役に立つ
    pretty　とても　　good　元気な

2. 何が　そんなに新しいのですか　このコンピューターについて
    - (A) それは　手で　操作されます→それは手で操作できます
    - (B) それは　身につけられます
    - (C) はい　私は　知っていました　それを

    manually　手で　　operate　操作する

Chapter 35 解答　1 — C, 2 — B

37 Chapter 37

🔘 1-38
スロースピード

🔘 2-45
ノーマルスピード

Part 2

1. Mark your answer on your answer sheet.
   (A) (B) (C)

2. Mark your answer on your answer sheet.
   (A) (B) (C)

ゼンメソッド
をしよう！

p.88参照

Part 2 Chapter 37

1. How is your market research going?
   - (A) Since this March.
   - (B) So far, so good.
   - (C) Just myself.

2. What is good about working here?
   - (A) Walking keeps me in good shape.
   - (B) The job is rewarding.
   - (C) My boss is too strict.

Part 2 Chapter 36　解答解説

1. どのくらいの大きさですか　包みは
   - (A) あります 10 以上
   - (B) それは　だいたい大きさです　レンガの
     →それはだいたいレンガくらいの大きさです
   - (C) はい　それは　かなり大きいです

   package 包み　　more than ～　～以上
   about the size of ～　だいたい～の大きさで　　brick レンガ
   quite　かなり

2. どのくらいの高さですか　ビルは
   - (A) 10 年の古きです
   - (B) ビルは　より背が高いです　私よりも (than)
     →ビルは私より背が高いです
   - (C) それは 10 階建てです

   than ～　～より　　story 階

Chapter 36 解答　1 — B, 2 — C

Chapter 38

🎧 1-39 スロースピード 🎧 2-46 ノーマルスピード

Part 2

1. Mark your answer on your answer sheet.
   (A) (B) (C)

2. Mark your answer on your answer sheet.
   (A) (B) (C)

ゼンメソッド をしよう！
p.88参照

Part 2 Chapter 38

1. Do you know her new e-mail address?
    (A) I'm not sure. Ask Mary.
    (B) No, I haven't seen her new dress.
    (C) Yes, she's enjoying surfing the Net.

2. How often do you check your e-mail?
    (A) The sooner, the better.
    (B) Twice a day, morning and night.
    (C) It's a week from today.

Part 2 Chapter 37　解答解説

1. どのように　市場調査は　進んでいますか
    (A) この３月以来
    (B) これまでのところは　うまくいっています
    (C) 私１人だけ

    market research　市場調査　　go　（物事が）進む　　since ～　～以来
    so far　これまで

2. 何が　よいのですか　働くことについて　ここで
    →ここで働く利点は何ですか
    (A) 歩くことは　保ちます　私を　体の調子が良い状態に
    　　→歩くことは健康にいいです
    (B) 仕事は　やりがいがあります
    (C) 私の上司は　厳しすぎます

    in good shape　体の調子が良くて　　rewarding　やりがいがある
    boss　上司　　strict　厳しい

Chapter 37 解答　1 － B，2 － B

39) Chapter 39

♪1-40 スロースピード ♪2-47 ノーマルスピード

Part 2

1. Mark your answer on your answer sheet.
   (A) (B) (C)

2. Mark your answer on your answer sheet.
   (A) (B) (C)

ゼンメソッドをしよう！

p.88参照

Part 2 Chapter 39

1. How often should I take this medicine?
    (A) From the first-aid kit.
    (B) After every meal.
    (C) Go to bed soon.

2. How often does the garbage truck come to your place?
    (A) It can move back and forth.
    (B) It's just around the corner.
    (C) It comes on Tuesdays and Fridays.

Part 2 Chapter 38　解答解説

1. 知ってますか　彼女の新しいeメールのアドレスを
    (A) 私は　はっきり知りません／尋ねて　メアリーに
    (B) いいえ　私は　見たことがありません　彼女の新しいドレスを
    (C) はい　彼女は　楽しんでいます　ネットサーフィンを
    not sure　確信がなくて　　enjoy ～ ing　～を楽しむ

2. どのくらい（頻度）　チェックしていますか　あなたのメールを
    (A) 早ければ早いほど　ますますいいです
    (B) 1日に2度　朝と夜
    (C) それは1週です　今日から→それは来週の今日です
    the 比較級, the 比較級　～すれば、ますます　　twice　2度
    a day　1日につき　　a week from to day　来週の今日

Chapter 38 解答　1―A, 2―B

Chapter 40

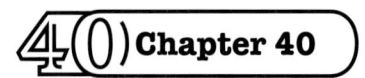

💿 1-41 スロースピード 💿 2-48 ノーマルスピード

Part 2

1. Mark your answer on your answer sheet.
   (A) (B) (C)

2. Mark your answer on your answer sheet.
   (A) (B) (C)

ゼンメソッド
をしよう！

p.88参照

Part 2 Chapter 40

1. Were you able to park your car in the parking lot?
    (A) No, it's out of order.
    (B) No, this is a used car.
    (C) No, it was full.

2. Where is the parking lot?
    (A) It's the school with the green roof.
    (B) Everything is under control.
    (C) It's across from the post office.

Part 2 Chapter 39　解答解説

1. どのくらい（頻度）　私は　飲むべきですか　この薬を
    (A) 救急箱から
    (B) 毎食後
    (C) 寝なさい　すぐに

should ～　～すべきである　　　take medicine　薬を飲む
first-aid kit　救急箱　　every ～　～ごと　　meal　食事

2. どのくらい（頻度）　ごみ回収トラックは　来ますか　あなたのところへ
    (A) それは　動きます　前後に
    (B) それは　すぐ近くです
    (C) それは　来ます　火曜日と金曜日に

garbage truck　ゴミ回収トラック　　move　動く
back and forth　前後に　　just around the corner　すぐ近くに

Chapter 39　解答　1 ― B，2 ― C

41 Chapter 41 🔘1-42 スロースピード 🔘2-49 ノーマルスピード
Part 2

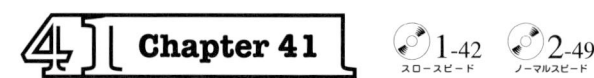

1. Mark your answer on your answer sheet.
   (A) (B) (C)

2. Mark your answer on your answer sheet.
   (A) (B) (C)

ゼンメソッドをしよう！
p.88参照

Part 2 Chapter 41

1. Jane, are you busy now?
   (A) No, I can't wait any longer.
   (B) Yes, I'm sometimes a busybody.
   (C) No, not really. What's up?

2. How do you relax?
   (A) I'm a workaholic.
   (B) I listen to music.
   (C) My life is stressful.

Part 2 Chapter 40 解答解説

1. あなたはできましたか　とめることが　あなたの車を　駐車場に
   (A) いいえ　それは　故障中です
   (B) いいえ　これは　中古車です
   (C) いいえ　それは　一杯でした

   be able to ～　～できる　　park　駐車する　　parking lot　駐車場
   out of order　故障中で　　used car　中古車　　be full　一杯である

2. どこですか　駐車場は
   (A) それは　学校です　緑の屋根をもつ→緑の屋根の学校です
   (B) すべて　あります　コントロール下に
       →すべてうまくいっています
   (C) それは　渡ったところです　郵便局から
       →郵便局の向かいです

   with ～　～をもって　　roof　屋根　　under control　うまくいって
   across from ～　～から渡って＝～の向かいで

   Chapter 40 解答　1 ― C, 2 ― C

Chapter 42

1-43 スロースピード　2-50 ノーマルスピード

Part 2

1. Mark your answer on your answer sheet.
   (A) (B) (C)

2. Mark your answer on your answer sheet.
   (A) (B) (C)

ゼンメソッド
をしよう！

p.88参照

Part 2 Chapter 42

1. What's wrong with your cellphone?
    - (A) I think she is wrong.
    - (B) I think we have to stop for gas.
    - (C) I think the battery is dead.

2. What happened to the vending machine?
    - (A) No, it's a ventilator.
    - (B) It doesn't work at all.
    - (C) I couldn't get my engine started.

Part 2 Chapter 41　解答解説

1. ジェーン、あなたは　忙しいですか　今
    - (A) いいえ　私は　待てません　もうこれ以上
    - (B) はい　私は　時々　おせっかいです
    - (C) いいえ　そうでもありません／何が起こっているのですか
        →どうかしたのですか

    not 〜 any longer　もう〜ない　　busybody　おせっかいな人
    not really　本当に〜というわけではない　　up　起こって
    What's up　（心配して）どうかしたのですか

2. どのように　あなたは　リラックスしますか
    - (A) 私は　仕事中毒です
    - (B) 私は　聞きます　音楽を
    - (C) 私の生活は　ストレスに満ちています

    relax　くつろぐ　　workaholic　仕事中毒の人　　listen to 〜　〜を聞く
    stressful　ストレスの多い

    Chapter 41　解答　1 ― C, 2 ― B

Chapter 43

1-44 スロースピード 2-51 ノーマルスピード

Part 2

1. Mark your answer on your answer sheet.
   (A) (B) (C)

2. Mark your answer on your answer sheet.
   (A) (B) (C)

ゼンメソッド
をしよう！

p.88参照

Part 2 Chapter 43

1. Are you satisfied with your working conditions?
    - (A) It was a tiring day.
    - (B) I can't complain.
    - (C) I am an accountant.

2. How is your pay?
    - (A) My company pays well.
    - (B) Let me pay for this.
    - (C) Tomorrow is payday.

Part 2 Chapter 42　解答解説

1. 何が　具合が悪いのですか　あなたの携帯電話について
   →携帯電話がどうかしましたか
   - (A) 私は　思います　彼女は　間違っていると
   - (B) 私は　思います　私たちは　止まらなくてはいけないと　ガソリンのために→ガソリンを入れないと
   - (C) 私は　思います　バッテリーが　切れていると

   wrong　故障で、具合が悪くて、間違った　　with ～　～について
   cellphone　携帯電話　　battery　バッテリー　　dead　電池など切れた

2. 何が　起こったのですか　自動販売機に
   →自動販売機がどうかしましたか
   - (A) いいえ　それは　換気装置です
   - (B) それは　動きません　全く
   - (C) 私は　できませんでした　私のエンジンを　スタートさせる事が
     →エンジンがかかりませんでした

   happen to ～　～に起こる　　vending machine　自動販売機
   ventilator　換気装置　　work　（機械などが）動く
   get ～＜過去分詞＞　～を＜過去分詞＞させる
   get my engine started　エンジンをスタートさせる（エンジンをかける）

Chapter 42 解答　1 — C, 2 — B

Chapter 44

🔘 1-45 スロースピード　🔘 2-52 ノーマルスピード

Part 2

1. Mark your answer on your answer sheet.
   (A) (B) (C)

2. Mark your answer on your answer sheet.
   (A) (B) (C)

ゼンメソッドをしよう！
p.88参照

Part 2 Chapter 44

1. May I try this on?
    - (A) Good. I'll be expecting you.
    - (B) Sure. This way, please.
    - (C) Oh, that's very kind of you.

2. Does the coat fit you?
    - (A) I'm afraid the chances are very slim.
    - (B) I'm afraid it's a little tight.
    - (C) Yes, the price is reasonable.

Part 2 Chapter 43　解答解説

1. あなたは　満足していますか　あなたの労働条件に
    - (A) それは（目時を指す）　疲れる１日でした
       →疲れる１日でした
    - (B) 私は　できません　文句を言う事が→満足してます
    - (C) 私は　会計士です

    satisfied with ～　　～に満足して　　working conditions　労働条件
    it　日時を指す　　complain　文句を言う　　accountant　会計士

2. どうですか　あなたの給料は
    - (A) 私の会社は　支給します　十分に
       →私の会社は給料がいいです
    - (B) 私に払わせてください　この代金を
    - (C) 明日は　給料日です

    pay　給料　　let ～＜原形動詞＞　～に＜原型動詞＞させる（許可）
    Let ～ pay　～に払わせてください　　pay for ～　～の代金を払う
    payday　給料日

Chapter 43　解答　1―B, 2―A

Chapter 45

1-46 スロースピード　2-53 ノーマルスピード

Part 2

1. Mark your answer on your answer sheet.
   (A) (B) (C)

2. Mark your answer on your answer sheet.
   (A) (B) (C)

ゼンメソッドをしよう！

p.88参照

Part 2 Chapter 45

1. What pattern would you like?
    - (A) I'd like a striped one.
    - (B) The color doesn't suit me.
    - (C) I think this is about my size.

2. What kind of man is he?
    - (A) He is on a business trip.
    - (B) He is quiet and well-educated.
    - (C) I guess he is in his forties.

Part 2 Chapter 44　解答解説

1. いいですか　私が　試着しても　これを
    →試着してもいいですか
    - (A) かしこまりました。　私は　予期しています　あなたを
        →かしこまりました。お待ちしております
    - (B) もちろん　こちらへ　どうぞ
    - (C) まあ　それはご親切に

    May I ～　～してもいいですか　　try ～ on　～を試着する
    expect　人が来るものと予期する　　Sure.　もちろん、いいとも
    be kind of（代名詞）　　（代名詞）は親切である

2. コート（のサイズ）は　合いますか　あなたに
    - (A) 私は　残念に思います　チャンスが　非常に少ないことを
        →（残念ながら）チャンスはほとんどないです
    - (B) 私は　残念に思います　それが　ちょっときついことを
        →（残念ながら）ちょっときついです
    - (C) はい　値段は　手ごろです

    I'm afraid ～　（残念ながら）～です　　slim　（チャンスなど）ほんのわずかな
    a little　ちょっと　　tight　きつい　　reasonable　（値段など）手ごろな

Chapter 44　解答　1 — B，2 — B

46 Chapter 46 🎧 1-47 スロースピード 🎧 2-54 ノーマルスピード
Part 2

1. Mark your answer on your answer sheet.
   (A) (B) (C)

2. Mark your answer on your answer sheet.
   (A) (B) (C)

ゼンメソッド
をしよう！

p.88参照

Part 2 Chapter 46

1. How long shall I boil this?
    - (A) No, not very often.
    - (B) Maybe in the near future.
    - (C) Thirty minutes, please.

2. Would you like more French fries?
    - (A) No, thank you. I'm full.
    - (B) Sunny-side up, please.
    - (C) I don't know. I have a bad memory.

Part 2 Chapter 45　解答解説

1. どの柄が　あなたは　お望みですか
    - (A) 私は　望んでいます　しま柄を
    - (B) 色が　似合いません　私に
    - (C) 私は　思います　これが　だいたい私のサイズであると

    pattern　柄　　I'd like = would like（want の腕曲な表現）　　striped　しまの
    one　名詞の代用　　suit　似合う　　about my size　だいたい私のサイズ

2. どういう人ですか　彼は
    - (A) 彼は　出張中です
    - (B) 彼は　おとなしく　そして　教養豊かです
    - (C) 私は　思います　彼は　40代であると

    What kind of man is ～?　～はどういう人ですか　　on a business trip　出張中で
    quiet　おとなしい　　well-educated　教養のある　　guess　思う
    in one's forties　40代で

Chapter 45　解答　1 — A, 2 — B

| 47 **Chapter 47** | 1-48 スロースピード | 2-55 ノーマルスピード |

Part 2

1. Mark your answer on your answer sheet.
   (A) (B) (C)

2. Mark your answer on your answer sheet.
   (A) (B) (C)

ゼンメソッドをしよう！
p.88参照

Part 2 Chapter 47
1. When did you start smoking?
    (A) Two years later.
    (B) After two years.
    (C) Two years ago.

2. Why did you quit smoking?
    (A) My neighbor immediately put out the fire.
    (B) I never throw cigarette butts on the street.
    (C) I'm beginning to worry about lung cancer.

Part 2 Chapter 46   解答解説
1. どのくらい（の時間）　ゆでましょうか　これを
   (A) いいえ　そうたびたびではありません
   (B) 恐らく　近いうちに
   (C) 30分　お願いします
   Shall I ~   （相手の思いを尋ねて）～しましょうか　　boil　煮る、ゆでる
   in the near future　近いうちに

2. お望みですか　もっとフライドポテトを
   →フライドポテトをもっといかがですか
   (A) いいえ　ありがとう／私は　お腹が一杯です
       →いいえ、結構です。お腹が一杯です。
   (B) 目玉焼き　お願いします
   (C) 私は　わかりません／私は　持ってます　悪い記憶力を
       →わかりません。記憶力が悪いので
   Would you like ～?　～をお望みですか、～をいかがですか（丁寧、控え目な表現）
   French fries ＝ French-fried potatoes　フライドポテト
   sunny-sideup　目玉焼き　　memory　記憶力
   bad memory ⇔ good memory
Chapter 46 解答　1 ― C, 2 ― A

Chapter 48
Part 2

1\. Mark your answer on your answer sheet.
   (A) (B) (C)

2\. Mark your answer on your answer sheet.
   (A) (B) (C)

ゼンメソッドをしよう!

p.88参照

Part 2 Chapter 48
1. What's the matter with you?
   - (A) Matt lacks common sense.
   - (B) I didn't get enough sleep.
   - (C) Either will be fine.

2. What seems to be the problem?
   - (A) The two problems are seemingly unrelated.
   - (B) I feel relieved to hear that.
   - (C) I have a runny nose and a sore throat.

Part 2 Chapter 47　解答解説
1. いつ　あなたは　始めたのですか　タバコを吸うのを
   - (A) 2年後に
   - (B) 2年後に
   - (C) 2年前に

   start ～ ing　～を始める　　～ later　～後に　　after ～　～後に
   ago　（今より）～前に

2. なぜ　あなたは　止めたのですか　タバコを吸うのを
   - (A) 近所の人は　直ちに　消しました　火を
   - (B) 私は　決して投げません　吸殻を　通りに
     →私はポイ捨てはしません
   - (C) 私は　始めてます　心配するのを　肺癌を
     →肺癌を心配し始めています

   quit ～ ing　～をやめる⇔start ～ ing　～を始める　　neighbor　近所の人
   immediately　直ちに　　put out　（火を）消す　　throw　投げる
   cigarette butt　吸い殻　　begin to ～　～始める
   worry about ～　～を心配する　　lung cancer　肺癌

Chapter 47　解答　1 — C, 2 — C

117

49 Chapter 49

1-50 スロースピード　　2-57 ノーマルスピード

Part 2

1. Mark your answer on your answer sheet.
   (A) (B) (C)

2. Mark your answer on your answer sheet.
   (A) (B) (C)

ゼンメソッドをしよう！

p.88参照

Part 2 Chapter 49

1. Do you mind if I smoke?
    (A) Of course not.
    (B) Sorry. I'm not in the mood.
    (C) Great. This room is spacious.

2. Does this building have a smoking area?
    (A) No, it's smoke-free.
    (B) A fire drill will take place here.
    (C) It was built in the Meiji Era.

Part 2 Chapter 48　解答解説

1. 何が　問題ですか　あなたについて→どうしたのですか
    (A) マットは　欠いています　常識を
    (B) 私は　得ませんでした　十分な眠りを
        →十分に眠れませんでした
    (C) どちらでも　結構でしょう→どちらでもいいです

    matter　問題　　Matt　男性の名　Matthewの愛称　　lack　欠いている
    common sense　常識　　enough　十分な　　sleep　眠り
    either　どちらでも　　fine　けっこうで

2. 何が　らしいですか　問題である（らしい）→どうしたのですか
    (A) 2つの問題は　表面上　関係がありません
    (B) 私は　ほっとしています　聞いて　それを
        →私はそれを聞いてほっとしています
    (C) 私は　持っています　鼻水を　そして　痛いのどを
        →鼻水が出てのどが痛いです

    seem to ～　～らしい　　problem　問題　　seemingly　表面上
    unrelated　関係がない　　feel relieved　ほっとする　　runny nose　鼻水
    sore　痛い　　throat　のど

Chapter 48　解答　1―B, 2―C

Chapter 50

1-51 2-58

Part 2

1. Mark your answer on your answer sheet.
   (A) (B) (C)

2. Mark your answer on your answer sheet.
   (A) (B) (C)

ゼンメソッド
をしよう！
p.88参照

Part 2 Chapter 50

1. When will the picture be ready?
   (A) A few minutes ago.
   (B) In about an hour and a half.
   (C) I'm ready when you are.

2. When did you get your driver's license?
   (A) Identification is not always necessary.
   (B) I'm on my way to driving school.
   (C) When I was a university student.

Part 2 Chapter 49　解答解説

1. あなたは　気にしますか　もし　私が　タバコを吸うならば
   →タバコを吸ってもいいですか
   (A) もちろん　気にしません→どうぞ。
   (B) すみません／私は　ないです　その気分で
      →すみません。そういう気分ではないです
   (C) すばらしい／この部屋は　広々している

   mind　気にする　　Do you mind if ～　～してもいいですか　　mood　気分
   not in the mood　その気分でなくて　　spacious　広々した

2. この建物は　持っていますか　喫煙所を
   →この建物には喫煙所はありますか
   (A) いいえ　それは　煙がないです→禁煙です
   (B) 防火訓練は　行なわるでしょう　ここで
   (C) それは　建てられました　明治時代に

   smoking area　喫煙所　　smoke-free　煙のない（＝禁煙で）（参考: error-free　間違いのない）
   fire drill　防火訓練　　take place　行なわれる
   build・built・built　（活用）　建てる　　era　時代

Chapter 49　解答　1―A, 2―A

51 Chapter 51 🎧 1-52 🎧 2-59
Part 2

1. Mark your answer on your answer sheet.
    (A) (B) (C)

2. Mark your answer on your answer sheet.
    (A) (B) (C)

Part 2 Chapter 51

1. May I speak to Mr. Ford?
    - (A) Yes, he is talkative.
    - (B) No, the speaker is Mr. Bush.
    - (C) Sorry, he is on another line.

2. May I take a message?
    - (A) Will you tell her Jane Smith called?
    - (B) Could you massage my back?
    - (C) There is no message on the answering machine.

Part 2 Chapter 50　解答解説

1. いつ　写真は　用意ができますか→いつ写真は出来上がりますか
    - (A) 数分前
    - (B) 約1時間半したら
    - (C) 私は　用意ができています　～時　あなたが　用意ができる（時）
        →私は用意ができています、あなたが用意できる時
        →あなたがよければ（I'm ready when you are ready.）

    in ～　（今から）～したら　　an hour and a half　1時間半

2. いつ　あなたは　とったのですか　あなたの運転免許を
    - (A) 身分証明書は　必ずしも必要ありません
    - (B) 私は　行く途中です　教習所へ
    - (C) ～時　私が　大学生だった（時）→私が大学生だった時

    get　得る　　driver's license　運転免許証　　identification　身分証名書
    not always ～　必ずしも～とは限らない　　necessary　必要な
    on one's way to ～　～へ行く途中で　　university student　大学生

Chapter 50　解答　1 ― B, 2 ― C

123

Chapter 52
Part 2

1-53

1. Mark your answer on your answer sheet.
   (A) (B) (C)

2. Mark your answer on your answer sheet.
   (A) (B) (C)

ゼンメソッド
をしよう！

p.88参照

Part 2 Chapter 52

1. Why do you look so happy?
    - (A) I have a date tonight.
    - (B) I apologize for troubling you.
    - (C) I'm homesick.

2. Why are sales of ice cream decreasing?
    - (A) Because of the low birth rate.
    - (B) Because ice cream is too cold.
    - (C) Because I don't know the recipe.

Part 2 Chapter 51　解答解説

1. いいですか　話しても　フォードさんと→フォードさんをお願いします（電話）
    - (A) はい　彼は　おしゃべりです
    - (B) いいえ　話し手は　ブッシュさんです
    - (C) すみません　彼は　あります　話し中で
        →すみません、彼は話し中です。

   May I ～　してもいいですか　　speak to ～　　～と話す
   talkative　おしゃべりな　　another　別の　　line　通信線
   on another line　話し中で

2. いいですか　私が　受けても　伝言を
   →伝言をお伝えしましょうか（電話）
    - (A) 伝えてくださいますか　彼女に　ジェイン・スミスが　電話したと
    - (B) マッサージして頂けますか　私の背中を
    - (C) ありません　伝言が　留守番電話に

   message　伝言　　take a message　伝言を受ける　　call　電話する
   Could you ～?　～して頂けますか（参考:Will you ～? Can you ～?より丁寧）
   massage　マッサージ　　back　背中　　answering machine　留守番電話

   Chapter 51　解答　1—C, 2—A

Chapter 53 🎵 1-54

Part 2

1. Mark your answer on your answer sheet.
   (A) (B) (C)

2. Mark your answer on your answer sheet.
   (A) (B) (C)

ゼンメソッドをしよう！
p.88参照

Part 2 Chapter 53

1. How many copies shall I make?
    (A) We have three copy machines.
    (B) I need at least fifty.
    (C) File the bills, please.

2. What should I do with the documents?
    (A) Feed them into the shredder.
    (B) Turn on the air-conditioner.
    (C) I have nothing else to report.

Part 2 Chapter 52　解答解説

1. どうして　あなたは　見えるのですか　そんなに楽しそうに
   →どうしてそんなに楽しそうなのですか
   (A) 私は　持ってます　デートを　今夜→今夜デートがあります。
   (B) 私は　お詫び申します　迷惑をかけたために　あなたに
       →ご迷惑をおかけしてお詫び申します
   (C) 私は　ホームシックです

   look happy　楽しそうに見える⇔ look sad　悲しそうに見える　　　date　デート
   apologize for　〜のためにわびる　　trouble　迷惑をかける
   homesick　ホームシックで

2. どうして　売り上げが　アイスクリームの　下がっているのですか
   →どうしてアイスクリームの売り上げが下がっているのですか
   (A) ために　低い出生率の→出生率の低下のために
   (B) なぜならば　アイスクリームが　冷たすぎる
       →アイスクリームが冷たすぎるので
   (C) なぜならば　私は　知らない　調理法を
       →私は調理法を知らないので

   sales　売り上げ　　decrease　減少する　　because of 〜　〜のために
   low　低い⇔ high　高い　　birth rate　出生率　　too 〜　〜すぎる
   recipe　調理法

Chapter 52 解答　1 — A, 2 — A

Chapter 54 🎵 1-55
Part 2

1. Mark your answer on your answer sheet.
   (A) (B) (C)

2. Mark your answer on your answer sheet.
   (A) (B) (C)

ゼンメソッドをしよう！

p.88参照

Part 2 Chapter 54

1. Will you please fill out this form?
    (A) Okay. Where is your car?
    (B) Okay. May I borrow a pen?
    (C) You'll receive it tomorrow.

2. Did you submit the documents?
    (A) Oh, I almost forgot. Thank you for reminding me.
    (B) Yes, I think we should do away with such a rule.
    (C) Sure. I'll keep them for you until you come back.

Part 2 Chapter 53　解答解説

1. 何枚のコピーを　しましょうか
    (A) 私たちは　持っています　3台のコピー機を
    (B) 私は　必要です　少なくとも 50（枚）
    (C) ファイルして　請求書を　お願いします
        →請求書をファイルしてください

Shall I ~　（相手の思いを尋ねて）~しましょうか　　copy machine　コピー機
at least　少なくとも　　file　とじ込む　　bill　請求書

2. 何を　私はするべきですか　書類について
    →書類をどう処理するべきですか
    (A) 送り込んで　それらを　シュレッダーに→シュレッダーにかけて
    (B) スイッチをつけて　エアコンに
    (C) 私は　何も持っていません　他に　報告すべき
        →他に報告することはありません

do with ~　~を処理する　　document　書類　　feed　（機械）に送り込む
shredder　シュレッダー　　turn on　つける⇔turn off　消す
air-conditioner　エアコン　　report　報告する
have nothing else to report　他に報告することはない⇔have something else to report　他に報告する事がある

Chapter 53 解答　1 — B，2 — A

Chapter 55　1-56

Part 2

1. Mark your answer on your answer sheet.
   (A) (B) (C)

2. Mark your answer on your answer sheet.
   (A) (B) (C)

ゼンメソッド
をしよう！

p.88参照

Part 2 Chapter 55

1. Is that the reason why she married him?
    - (A) Yes, that's what I've heard.
    - (B) Yes, I believe she is single.
    - (C) Yes, she got mad at him.

2. How do you know Tom and Jenny broke up?
    - (A) Jenny called me last night.
    - (B) There is no difference between the two.
    - (C) Both Tom and Jenny are broke.

Part 2 Chapter 54　解答解説

1. 書き込んで下さい　この用紙に
    - (A) いいですよ／どこですか　あなたの車は
    - (B) いいですよ／いいですか　私が　借りても　ペンを
      →いいですよ。ペンをお借りしてもいいですか
    - (C) あなたは　受け取るでしょう　それを　明日

Will you please ～?　～して下さい　　fill out　書き込む　　form　書式用紙
borrow　借りる⇔lend　貸す　　receive　受け取る

2. あなたは　提出しましたか　書類を
    - (A) あー　私は　もう少しで忘れるところでした／
      ありがとう　思い出させてくれて　私に
    - (B) はい　私は　思います　私たちは　廃止するべきであると　そのような
      規則を→はい、私はそのような規則は廃止するべきだと思います
    - (C) もちろん／私は　保管しましょう　それらを　あなたのために　～まで
      あなたが　戻る（まで）→もちろん。あなたが戻るまで保管しましょう

submit　提出する　　document　書類　　almost ～　もう少しで～（するところ）
forget・forgot・forgotten（活用）忘れる　　remind　思い出させる
do away with ～　～を廃止する　　keep　保管する、取っておく
until ～　～まで

Chapter 54 解答　1 — B, 2 — A

Chapter 56

🎧 1-57
ノーマルスピード

Part 2

1. Mark your answer on your answer sheet.
   (A) (B) (C)

2. Mark your answer on your answer sheet.
   (A) (B) (C)

ゼンメソッド
をしよう！
p.88参照

Part 2 Chapter 56

1. Do you have a physical check-up regularly?
    (A) Yes, I try to take care of myself.
    (B) Yes, I jog every morning with my son.
    (C) I hope there are no further problems.

2. Do you have a hangover?
    (A) Yes, I went bar-hopping last night.
    (B) The sporting goods are on the fifth floor.
    (C) No, I don't have a hanger in my locker.

Part 2 Chapter 55　解答解説

1. それが理由ですか　なぜ　彼女が　結婚した　彼と
   →それが彼女が彼と結婚した理由ですか
   (A) はい　それが　ことです　私が　聞いた
       →それが私が聞いたことです
   (B) はい　私は　思います　彼女が　独身であると
   (C) はい　彼女は　ひどく腹を立てました　彼に
   reason　理由　　marry 〜　〜と結婚する　what 〜　〜こと
   believe　信じる、思う　　single　独身の⇔married　既婚の
   get mad at 〜　〜にひどく腹を立てる

2. どうやって　あなたは　知っているのですか　トムとジェニーが別れたのを
   (A) ジェニーが　電話してきました　私に　昨夜
   (B) ありません　相違は　2つの間に
   (C) トムもジェニーも両方とも　お金が全くないです
   break up　別れる　　last night　昨夜　　difference　相違
   both 〜 and 〜　〜も〜も両方とも　　be broke　無一文である

Chapter 55　解答　1 — A, 2 — A

Chapter 57 1-58
Part 2

1. Mark your answer on your answer sheet.
   (A) (B) (C)

2. Mark your answer on your answer sheet.
   (A) (B) (C)

ゼンメソッド
をしよう！

p.88参照

Part 2 Chapter 57

1. How soon does the meeting start?
    (A) It takes half an hour or so by car.
    (B) As soon as the chairperson arrives.
    (C) We are still at the starting point.

2. Was the meeting boring?
    (A) Yes, I fell asleep before I knew it.
    (B) Don't jump to conclusions.
    (C) Yes, I woke up in the middle of the night.

Part 2 Chapter 56   解答解説

1. あなたは　持っていますか　健康診断を　定期的に
    →あなたは健康診断を定期的に受けていますか
    (A) はい　私は　努めています　気をつけるように　私自身に
        →はい、私は体に気をつけるように努めています
    (B) はい　私は　ジョギングをしています　毎朝　息子と一緒に
        →はい、私は毎朝息子と一緒にジョギングをしています
    (C) 私は　望みます　ない事を　それ以上の問題が

physical check-up　健康診断　　regularly　定期的に
take care of 〜　〜に気をつける　　jog　ジョギングする
further　それ以上の　　problem　問題

2. あなたは　持っていますか　二日酔いを→二日酔いですか
    (A) はい　私は　はしごをしました　昨夜
    (B) スポーツ用品は　あります　5階に
    (C) いいえ　私は　持っていません　ハンガーを　私のロッカーに

hangover　二日酔い　　go bar-hopping　はしごをする
sporting goods　スポーツ用品　　on the fifth floor　5階に
hanger　ハンガー　　locker　ロッカー

Chapter 56 解答　1－A, 2－A

Chapter 58

Part 2

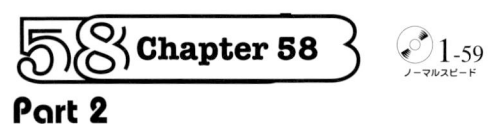

1. Mark your answer on your answer sheet.
   (A) (B) (C)

2. Mark your answer on your answer sheet.
   (A) (B) (C)

Part 2 Chapter 58

1. How far is ABC Company from here?
    (A) The president is my distant relative.
    (B) It's about a ten-minute walk.
    (C) My office is between the city hall and the gym.

2. Have you seen the new branch office?
    (A) Are you sure the rumor is true?
    (B) You mean the one in New York?
    (C) Does that mean you've quit your job?

Part 2 Chapter 57　解答解説

1. (あと) どれくらいで　会議は　始まりますか
    (A) それは (時間を指す)　かかります　30分くらい　車で
        →車で30分くらいかかります
    (B) 〜するとすぐに　議長が着くと (すぐに)
    (C) 我々は　まだいます　出発地点に

    it　日時を指す　take　(時間が) かかる　half an hour　30分
    〜 or so　〜くらい　as soon as 〜　〜するとすぐに　chairperson　議長
    arrive　着く　still　まだ　starting point　出発点

2. 会議は　退屈でしたか
    (A) はい　私は　寝ていました　知らないうちに
    (B) 飛ばないで　結論→即断しないで
    (C) はい　私は　目が覚めました　真夜中に

    boring　退屈な　fall・fell・fallen (活用)　落ちる　fall asleep　寝る
    before I knew it　知らないうちに　conclusion　結論
    jump to conclusions　即断する
    wake・woke・woken (活用) wake up　起きる
    in the middle of the night　真夜中に

Chapter 57　解答　1 — B, 2 — A

59) Chapter 59 🎧 1-60
Part 2

1. Mark your answer on your answer sheet.
   (A) (B) (C)

2. Mark your answer on your answer sheet.
   (A) (B) (C)

ゼンメソッド
をしよう！
p.88参照

Part 2 Chapter 59

1. When is the deadline for application?
   - (A) At the end of the corridor.
   - (B) The party is over at eight o'clock.
   - (C) The end of this month.

2. What is the retirement age in your company?
   - (A) I promise I'll do it tomorrow.
   - (B) My father has not reached that age yet.
   - (C) It used to be sixty, but now it's sixty-five.

Part 2 Chapter 58　解答解説

1. どれくらいの距離ですか　ABC会社は　ここから
   - (A) 社長は　私の遠い親戚です
   - (B) それは（距離を指す）　だいたい10分の歩行距離です
     →歩いて約10分です
   - (C) 私の会社は　あります　間に　市役所と体育館の

president 社長　distant 遠い　relative 親戚　it 距離を指す
a ten-minute walk 10分の歩行距離　city hall 市役所　gym 体育館

2. 見たことがありますか　新しい支店を
   - (A) 確かですか　噂が　ほんとうであると→確かに噂はほんとうですか
   - (B) あなたは　意味していますか　支店を　ニューヨークにある
     →ニューヨークの支店のことですか
   - (C) それは　意味していますか　あなたが　やめたことを　あなたの仕事を
     →それはあなたが仕事をやめたということですか

Have you seen ～　～を見たことがありますか（have＋過去分詞→経験）
see・saw・seen（活用）見る　　branch 支店（branch office）
Are you sure ～　～は確かですか　　rumor 噂　true 本当の
mean 意味する　one 名詞の代用　quit・quit・quit（活用）やめる
job 仕事

Chapter 58 解答　1―B, 2―B

60 Chapter 60 🎧 1-61

Part 2

1. Mark your answer on your answer sheet.
   (A) (B) (C)

2. Mark your answer on your answer sheet.
   (A) (B) (C)

ゼンメソッド
をしよう！

p.88参照

Part 2 Chapter 60

1. Where is the nearest ATM?
    - (A) There are three flights a day.
    - (B) He's on his way to the bank.
    - (C) There is one on the corner.

2. How do I use the ATM?
    - (A) Just touch the screen and follow the directions.
    - (B) Press the button, and the game starts.
    - (C) Insert the coins, and you will hear the dial tone.

Part 2 Chapter 59　解答解説

1. いつですか　締め切りは　申し込みのための
    - (A) 突き当たりで　廊下の
    - (B) パーティーは　終わっています　8時に
    - (C) 終わり　この月の

    deadline　締め切り　　application　申し込み　　end　終わり、つきあたり
    corridor　廊下　　be over　終わる

2. どれほどですか　定年は　あなたの会社で
    - (A) 私は　約束します　私が　するだろうと　それを　明日
        →私は明日それをすると約束します
    - (B) 私の父は　達していません　その年齢に　まだ
        →私の父はまだその年齢に達していません
    - (C) それは　かつては60でした、でも　今は　それは　65です
        →かつては60才でしたが、今は65才です

    what　どれほど　　retirement age　定年　　promise　約束する
    reach　達する　　not 〜 yet　まだ〜ない　　used to 〜　かつては〜であった

Chapter 59　解答　1 — C, 2 — C

Chapter 61

1-62

Part 2

1. Mark your answer on your answer sheet.
   (A) (B) (C)

2. Mark your answer on your answer sheet.
   (A) (B) (C)

ゼンメソッド
をしよう！

p.88参照

Part 2 Chapter 61
1. Do you think this sweater goes with these pants?
    - (A) Yes, I think you'd better bring a change of clothes.
    - (B) No, I don't think the color will fade.
    - (C) Yes, I think beige and dark blue go well together.

2. Do you have this in a smaller size?
    - (A) Sorry. We're running out of time.
    - (B) I'm sorry, ma'am. We're out of stock right now.
    - (C) Yes, a smaller-sized one will do.

Part 2 Chapter 60　解答解説
1. どこですか　最も近い ATM は
    - (A) あります　3便　1日に
    - (B) 彼は　行く途中です　銀行に
    - (C) あります　1つ　角に

    ATM ＝ automatic (automated) teller machine　現金自動預け払い機
    flight　飛行便　　a day　1日につき　　on one's way to 〜　〜へ行く途中です
    on the corner　角に

2. どうやって　使うのですか　ATM を
    - (A) ただ　触れてください　画面に　そして　従ってください　指示に
    - (B) 押してください　ボタンを　そうすれば　ゲームが　スタートします
    - (C) 挿入してください　コインを　そうすれば　あなたは　聞くでしょう　通話音を

    just　ただ　　touch　触れる　　follow　従う　　directions　指示
    press　（ボタンなどを）押す　　insert　挿入する　　dial tone　通話音

Chapter 60 解答　1 ― C, 2 ― A

62 Chapter 62 🅞 1-63
ノーマルスピード

Part 2

1. Mark your answer on your answer sheet.
   (A) (B) (C)

2. Mark your answer on your answer sheet.
   (A) (B) (C)

ゼンメソッド
をしよう！
p.88参照

Part 2 Chapter 62

1. Did you return the video?
    - (A) Oh, I forgot. Now I have to pay extra.
    - (B) Yes, I like movies with a happy ending.
    - (C) That's too bad. That video is rented out.

2. How late is the rental video shop open?
    - (A) It's a newly-opened shop.
    - (B) I'll be back right away.
    - (C) It's open round the clock.

Part 2 Chapter 61　解答解説

1. あなたは　思いますか　このセーターは　合うと　このパンツと
    - (A) はい　私は　思います　あなたは　持ってくる方がいいと　着替えを
    - (B) いいえ　私は　思いません　色が　あせるだろうと
    - (C) はい　私は　思います　ベージュと紺は　よく合うと　互いに

    sweater　セーター　　go with ～　～と合う（調和する）
    you'd better = you had better ～　～する方がいい　　bring　持って来る
    a change of clothes　着替え　　fade　色あせる　　beige　ベージュ
    dark blue　紺　　go well　よく合う　　together　互いに

2. あなたは　もっていますか　これを　もっと小さいサイズで
    →これの小さいサイズはありますか
    - (A) すみません／私たちは　時間がなくなってきています
    - (B) すみません　お客様（女性客に対して）／私たちは　品切れの状態です　今のところ→すみません。今のところ品切れです
    - (C) はい　小さい方のサイズのもので　間に合います

    run out of ～　～を使い切る　　be running out of time　時間がなくなってきている
    out of stock　品切れで⇔in stock　入荷して　　right now　今のところは
    smaller-sized　より小さいサイズの　　one　名詞の代用　　will do　間に合う

Chapter 61 解答　1 — C, 2 — B

Chapter 63

1-64

Part 2

1. Mark your answer on your answer sheet.
   (A) (B) (C)

2. Mark your answer on your answer sheet.
   (A) (B) (C)

ゼンメソッド
をしよう！

p.88参照

Part 2 Chapter 63

1. Do you cook for yourself?
   - (A) Yes, I like reading cookbooks.
   - (B) No, I usually buy pre-cooked foods.
   - (C) Yes, roast chicken is her speciality.

2. Shall I warm up your pizza?
   - (A) Yes, two minutes in the microwave oven, please.
   - (B) Put the dishes in the sink, please.
   - (C) A delivery service brought it an hour ago.

Part 2 Chapter 62　解答解説

1. あなたは　返しましたか　ビデオを
   - (A) あっ　私は　忘れてました／さて　私は　払わなければなりません　割増料金を→あっ、忘れてた。延滞料金払わないと
   - (B) はい　私は　好きです　映画を　ハッピーエンドを持つ
     →はい、ハッピーエンドの映画が好きです
   - (C) それは　残念です／あのビデオは　貸し出されています

   return　返す　　oh　あっ（驚き・苦痛・喜びなど）
   now　さて（この場合、"私は返却が遅れているので"という気持ちにつながる"さて"）
   pay　払う　　extra　割増料金　　with ～　～をもって
   happy ending　ハッピーエンド　　too bad　残念で
   be rented out　貸出中である（参考：be sold out　売り切れている）

2. どれくらい遅く　レンタルビデオ店は　開いてますか
   →レンタルビデオ店はいつまで開いていますか
   - (A) それは　新しくオープンした店です
   - (B) 私は　戻るでしょう　すぐに→すぐに戻ります
   - (C) それは　開いています　24時間通して→24時間営業です

   newly-opened　新しくオープンした　　right away　すぐに
   round the clock　24時間通して

Chapter 62 解答　1 ― A, 2 ― C

Chapter 64

🎧 1-65

Part 2

1. Mark your answer on your answer sheet.
   (A) (B) (C)

2. Mark your answer on your answer sheet.
   (A) (B) (C)

Part 2 Chapter 64

1. Can I have a window seat?
   - (A) Sure. Would you like the right side or the left side of the plane?
   - (B) I m afraid you're on the wrong train.
   - (C) Yes, it runs every fifteen minutes in the morning.

2. Can I buy a ticket?
   - (A) Sure. Would you like automatic or standard shift?
   - (B) I think it's in my coat pocket.
   - (C) Yes, from the vending machines next to the gate.

Part 2 Chapter 63　解答解説

1. あなたは　料理しますか　自分で
   - (A) はい　私は　好きです　読むのが　料理の本を
   - (B) いいえ　私は　たいてい　買います　調理済み食品を
   - (C) はい　ローストチキンは　彼女の得意です

   for oneself　自分で　　like ～ ing　～するのが好きである
   cookbook　料理の本　　usually　たいてい
   pre-cooked foods　調理済み食品　　roast chicken　ローストチキン
   speciality　得意

2. 温めましょうか　あなたのピザを
   - (A) はい　2分　電子レンジで　お願いします
   - (B) 置いて　お皿を　流しの中に　お願いします
     →流しにお皿を置いてください
   - (C) 配達サービスが　持って来ました　それを1時間前に

   warm up ～　～を温める　　microwave oven　電子レンジ　　dish　皿
   sink　流し（台）　　delivery service　配達サービス
   bring・brought・brought（活用）持って来る　　～ ago　（今より）～前に

   Chapter 63 解答　1 ― B, 2 ― A

Chapter 65　🎧 1-66
ノーマルスピード

Part 2

1. Mark your answer on your answer sheet.
   (A) (B) (C)

2. Mark your answer on your answer sheet.
   (A) (B) (C)

ゼンメソッド
をしよう！
p.88参照

Part 2 Chapter 65

1. Can I return this stapler? It's broken.
    - (A) Sure. Can I take a look at your driver's license, please?
    - (B) I'm afraid you've gone past the due date.
    - (C) Certainly. Do you have the receipt?

2. Can I pay with a credit card?
    - (A) Oh no, it's dangerous to carry cash.
    - (B) Of course. Will you please sign here?
    - (C) Of course. How much do you want to deposit?

Part 2 Chapter 64　解答解説

1. 私は　持つことができますか　窓側の席を→窓側の席をとれますか
    - (A) もちろん／あなたは　お望みですか　右側　あるいは　左側を　飛行機の→飛行機の右側か左側、どちらがよろしいですか
    - (B) 私は　残念に思います　あなたが　間違った電車に乗っていることを→（残念ながら）あなたは電車を乗り違えています
    - (C) はい　それは　走っています 15 分ごとに　午前中

    window seat　窓側の席　　　plane　飛行機
    I'm afraid ～　　～を残念に思う、(残念ながら)　～です⇔I hope ～　　～を望む
    be on the wrong train　間違った電車に乗っている
    every fifteen minutes　15 分ごとに

2. 私は　買うことができますか　切符を
    - (A) もちろん／あなたは　お望みですか　オートマ（の車）を　あるいは　マニュアル（車）を
    - (B) 私は　思います　それは　あります　私のコートのポケットの中に

    automatic　自動の　　　standard　標準の、普通の　　　shift　自動車の変速装置
    vending machine　自動販売機　　　gate　出入り口

Chapter 64　解答　1 — A, 2 — C

Chapter 66 🎧 1-67
ノーマルスピード

Part 2

1. Mark your answer on your answer sheet.
   (A) (B) (C)

2. Mark your answer on your answer sheet.
   (A) (B) (C)

ゼンメソッドをしよう！

p.88参照

Part 2 Chapter 66

1. Does your company have many online shoppers?
   - (A) Yes, and the number is increasing.
   - (B) I left my shopping list at home.
   - (C) I don't know. I haven't decided yet.

2. Do you like buying from mail-order catalogs?
   - (A) Yes, I've been waiting for more than ten days.
   - (B) No, I prefer to stay at home.
   - (C) Well, I prefer to go shopping downtown.

Part 2 Chapter 65　解答解説

1. 私は　返すことができますか　このホッチキスを／それは　こわれています
   →このホッチキス返せますか。こわれているんです
   - (A) もちろん／見ることができますか　あなたの免許証を　すみませんが
   - (B) 私は　残念に思います　あなたが　超えているのを　期限の日を
     →（残念ながら）期限を越えています
   - (C) もちろん／あなたは　持っていますか　領収書を

   return　戻す　　stapler　ホッチキス　　be broken　こわれている
   take a look at ～　～を見る　　past ～　～を過ぎて　　due　期限の

2. 私は　払うことができますか　クレジットカードで
   - (A) だめです　それは　危険です　携帯することは　現金を
     →だめですよ、現金を携帯するのは危険です
   - (B) もちろん／サインして下さい　ここに
   - (C) もちろん／いくら　あなたは　望んでいますか　預金をする事を
     →いくら預金したいですか

   pay with ～　～で払う　　carry　携帯する
   Will you please ～?　～してください　　deposit　預金する

   Chapter 65　解答　1 — C, 2 — B

67 Chapter 67 ⚪ 1-68

Part 2

1. Mark your answer on your answer sheet.
   (A) (B) (C)

2. Mark your answer on your answer sheet.
   (A) (B) (C)

ゼンメソッド
をしよう！

p.88参照

Part 2 Chapter 67

1. Do you think sales of beer will continue to go up?
   (A) My boss told me the sales grew by 20 percent.
   (B) Well, it depends on the weather, I suppose.
   (C) I think it's a waste of time.

2. How's the new product's reputation?
   (A) Luckily, my co-workers are all nice people.
   (B) The products are graded one to seven.
   (C) Very good. It's selling like hot cakes.

Part 2 Chapter 66　解答解説

1. あなたの会社は　持っていますか　多くのオンラインのお客さんを
   (A) はい　そして　その数は　増えています
   (B) 私は　置いてきました　私の買い物リストを　家に
   　　→買い物リストを家に忘れてきました
   (C) 私は　わかりません／私は　決めていません　まだ

   online shoppers　コンピューターのネット上の客
   increase　増加する⇔ decrease　減少する
   leave ・ left ・ left（活用）置き忘れる　　shopping list　買い物リスト
   decide　決める　　not ～ yet　まだ～ない

2. 好きですか　買うのが　通信販売のカタログから
   →通信販売で買うのが好きですか
   (A) はい　私は　待っています　10日以上の間
   (B) いいえ　私は　好きです　家に居る方が
   (C) そうですね　私は　好きです　買い物に行く方が　繁華街へ
   　　→そうですね。繁華街へ買い物に行く方が好きです

   mail-order　通信販売の　　prefer to ～　～する方が好きである
   stay at home　家に居る　　well　そうですね、ところで
   down town　繁華街に

Chapter 66 解答　1 ― A, 2 ― C

68 Chapter 68   🎧 1-69

Part 2

1. Mark your answer on your answer sheet.
    (A) (B) (C)

2. Mark your answer on your answer sheet.
    (A) (B) (C)

ゼンメソッド
をしよう！
p.88参照

Part 2 Chapter 68

1. Did you go to cram school when you were a child?
    (A) Yes, rote learning is meaningless.
    (B) I agree. Children must study hard.
    (C) Yes, my parents forced me to go.

2. Who paid your tuition when you were a university student?
    (A) I did, by working part-time.
    (B) My father went on a scholarship.
    (C) I went to America as an exchange student.

Part 2 Chapter 67　解答解説

1. あなたは　思いますか　売り上げが　ビールの　続けるだろうと　あがることを→ビールの売り上げは上がり続けると思いますか
    (A) 私の上司は　言いました　私に　売り上げが　伸びたと　20％
        →私の上司は私に売り上げが20％伸びたといいました
    (B) そうですね　それは　天気次第です　私は　思います
        →そうですね。天気次第だと思います
    (C) 私は　思います　それは　時間の無駄であると

    sales　売り上げ　　continue to ～　～する事を続ける　　go up　あがる
    boss　上司　　grow　（大きさ・数・長さなど）伸びる
    by ～　（程度）　～まで、～だけ　　depend on ～　～次第である
    suppose　思う　　waste　浪費

2. どうですか　新しい製品の評判は
    (A) 幸運にも　私の同僚は　皆いい人たちです
    (B) 製品は　（質により）等級がつけられています　1から7
        →製品は質により1から7の等級がつけられています
    (C) とてもいいです／それは　売れています　ホットケーキのように
        →とてもいいです。よく売れています

    product　製品　　reputation　評判　　luckily　幸運にも
    co-worker　共に働く人（参考:co　共）　　grade　等級をつける
    sell like hot cakes　よく売れる

Chapter 67　解答　1 ― B, 2 ― C

即効！スコアに差！『ゼンメソッド』実践法

パート3解答法
　男女2人の会話が流れます。その会話に関する問題が左のページにあります。その問題に対して適切な答えをABCDの中から1つ選びます。

パート3 集中法（英語がはっきりゆっくり聞こえる法）
(1)　設問と選択肢全体を視野に入れながら会話を聞きます。それと同時に
(2)　鼻からゆっくりと、息を長く吐きながら英語を聞きます。
※吐けば自然に吸い込むので、吸うことは気にする必要はありません。

リスニングの際、(1) と (2) をすると
集中力（リスニングスコア）アップ！

リスニング集中法『ゼンメソッド』では、穏やかにゆっくりと、少しずつ鼻から息を吐いていくので、あたかも息が止まっているような感じがします。集中力が高まり、音と自分とが一体になる感じです。

※『ゼンメソッド』の要領がすぐにつかめない場合があるかもしれません。それでもリスニングをする時は毎回実践しましょう。平均4〜5回練習すると要領がつかめるでしょう。

　なお本書の対訳は、直読直解に慣れるように、できるだけ英語の語順で並べてあります。

※訳文の日本語を英単語に置き換えてみましょう。英文がすぐに口から出てくるのを体験できます。

69 Chapter 69

🔘 1-70 スロースピード　🔘 2-60 ノーマルスピード

Part 3

Where is he thinking of going for Christmas vacation?
(A) To France.
(B) To Italy.
(C) To Mexico.
(D) To Morocco.

(A) (B) (C) (D)

ゼンメソッドをしよう！
p.158参照

Part 3 Chapter 69
F: Are you going on vacation this Christmas?
M: Yes, I am. I was thinking of taking the family to Mexico.
F: That sounds wonderful!
M: Yes, they have some beautiful beaches there.

Part 2 Chapter 68　解答解説
1. あなたは　行ってましたか　塾へ　〜時　あなたが　子供だった（時）
　　(A) はい　丸暗記は　意味がありません
　　(B) 私は　同感です／子供たちは　勉強しなければなりません　一生懸命は
　　(C) はい　私の両親が　無理にさせました　私に　行くことを
　　　　→はい、私の両親が無理に行かせました

cram school　塾　　　rote learning　丸暗記　　　meaningless　意味がない
agree　同意する　　　must〜　〜なければならない　　　hard　一生懸命
force … to 〜　…に無理に〜させる

2. 誰が　払いましたか　あなたの授業料を　〜時　あなたが　大学生だった（時）
　　→あなたが大学生の時、誰が授業料を払っていましたか
　　(A) 私が　しました　働くことによって　パートで→私でした。バイトして
　　(B) 私の父は　やっていました　奨学金に基づいて
　　　　→私の父は奨学金をもらっていました
　　(C) 私は　行きました　アメリカへ　交換学生として

pay・paid・paid（活用）〜を支払う　　　tuition　授業料
work part-time　バイトする⇔work full-time　フルタイムで働く
go　（物事が）進む　　　on 〜　〜に基づいて　　　scholarship　奨学金

Chapter 68　解答　1 ― C, 2 ― A

Chapter 70 1-71 2-61

Part 3

Why are they going to the pub?
(A) To meet some friends.
(B) To celebrate.
(C) To buy some wine.
(D) To study for a test.

(A) (B) (C) (D)

ゼンメソッドをしよう！
p.158参照

Part 3 Chapter 70

F: I just passed my driver's test!
M: Great news! Let's celebrate.
F: How about going to the pub for a beer?
M: Good idea. Let me get my jacket.

Part 3 Chapter 69　解答解説

F:　あなたは　行くつもりですか　休暇で　このクリスマス
M:　はい／私は　考えていました　連れて行くことを　家族を　メキシコへ
F:　それは　聞こえます　すばらしいと→いいわね
M:　はい、　彼らは　持っています　いくつかの美しいビーチを　そこに
　　→そこにはきれいなビーチがあります

どこへ　彼は　考えていますか　行く事について　クリスマスバケーションのために
(A)　フランスへ
(B)　イタリアへ
(C)　メキシコへ
(D)　モロッコへ

on vacation　休暇で　　take　連れて行く

That's sounds wonderful.　それはいい　(sound 聞いて判断して思う事⇔ look 見て判断して思う事　ex. You look happy.)

Chapter 69　解答　C

Chapter 71

🎵 1-72   🎵 2-62

Part 3

What is she going to do before the movie starts?
(A) Finish her homework.
(B) Order a pizza.
(C) Make popcorn.
(D) Finish cleaning the house.

(A) (B) (C) (D)

ゼンメソッドをしよう！
p.158参照

Part 3 Chapter 71

F: The movie is starting in an hour.
M: I have to finish my homework first.
F: I'll order a pizza, then.
M: OK. Call me when it gets here.

Part 3 Chapter 70　解答解説

F: 私は　ほんの今　合格しました　私の運転免許テストに
M: すごいニュースだ→それはよかった／お祝いしよう
F: 行きませんか　パブへ　ビールのために
　　　→居酒屋で一杯どう？
M: いい考えだ／取ってこさせて　私の上着を

なぜ　彼らは　行くつもりですか　パブへ
(A) 会うために　友人に
(B) 祝うために
(C) 買うために　ワインを
(D) 勉強するために　テストのために

just　ほんの今　　　pass　合格する　　　celebrate　祝う
How about ～ ing?　～しませんか　　pub　居酒屋
let ～＜原型動詞＞　～に＜原型動詞＞させる（許可）　　　get　取ってくる

Chapter 70 解答 B

72 Chapter 72 ◉1-73 ◉2-63

Part 3

Why are they taking the car?
(A) It's quicker than taking the train.
(B) It takes two hours.
(C) The train goes faster.
(D) It's cheaper by car.

(A) (B) (C) (D)

ゼンメソッド
をしよう！

p.158参照

Part 3 Chapter 72
F: It takes an hour to go there by train.
M: Let's take the car. It's faster.
F: Let me pay for half of the gas, then.
M: Don't worry about it. I've got a full tank.

Part 3 Chapter 71　解答解説
F: 映画は　始まります　1時間したら
M: 私は　終えなければなりません　私の宿題を　まず
F: 私は　注文するでしょう　ピザを　それでは
　　→じゃ、私はピザを注文しておくわ
M: オーケー／呼んでくれ　私を　〜時　それが　着く（時）　ここに

何を　彼女は　するつもりですか　〜前に　映画が始まる（前に）
(A) 終える　彼女の宿題を
(B) 注文する　ピザを
(C) 作る　ポップコーンを
(D) 終える　掃除するのを　家を

be 〜 ing　確定的な未来、予定を表す　　in an hour　1時間したら
finish　終える⇔start　始める
homework　宿題　　　order　注文する　　finish 〜 ing　〜し終える
clean　掃除する

Chapter 71　解答　B

Chapter 73 ◉1-74   ◉2-64

Part 3

Which dress does she like better?
(A) The red one.
(B) The blue one.
(C) Neither one.
(D) The red and blue one.

(A) (B) (C) (D)

ゼンメソッド
をしよう！
p.158参照

Part 3 Chapter 73
F: I prefer this red dress to the blue one.
M: You look nice in both colors!
F: Thanks. You choose for me, then.
M: Why not get them both? They're 30% off.

Part 3 Chapter 72　解答解説
F:　それは（時間を指す）　かかります　1時間　行く事は　そこへ　電車で
M:　乗ろう　車に／それは　より速いです
F:　払わせて　ガソリン（代）の半分を、　それでは
M:　心配しないで　それを／私は　持っています　一杯のタンクを
　　→満タンです

なぜ　彼らは　乗るのでしょう　車に
(A)　それは　より速いでしょう　乗る<u>よりも</u>（<u>than</u>）電車に
(B)　それは（時間を指す）　かかります　2時間
(C)　電車は　走ります　より速く
(D)　それは　より安いでしょう　車で

take　時間などがかかる　　　It takes … to 〜　〜するのに…かかる
by　乗り物の手段を指す　　take 〜　〜に乗る
go　（バスや列車など）走る　　faster　fast の比較級
Let … 〜　…に〜させて下さい　　pay for 〜　〜の代金を支払う
half　半分　　gas　ガソリン　　worry about 〜　〜を心配する
have got ＝ have　　cheaper　cheap（安い）の比較級

Chapter 72 解答　A

74 Chapter 74

1-75　2-65

Part 3

Why aren't they going to Hawaii?
(A)　She wants to practice speaking Italian.
(B)　They can save money by going to Rome.
(C)　She has visited Italy before.
(D)　They have friends in Rome.

(A) (B) (C) (D)

Part 3 Chapter 74

F: The airfare to Italy is cheaper than that to Hawaii.
M: Wow! I didn't know that. So, do you want to go to Rome, then?
F: Sure, but I have been there before, you know.
M: You have? When was that?

Part 3 Chapter 73　解答解説

F:　私は　好きです　この赤のドレスの方を　ブルーのドレスより
M:　あなたは　見えます　すてきに　両方の色で
　　→どっちも似合うよ
F:　ありがとう／あなたは　選びます　私のために、　それでは
　　→じゃ、あなた選んで
M:　なぜ　買わないのか　それらを　両方とも／それらは　30%引きです

どちらのドレスを　彼女は　好みますか　より
→どちらドレスを彼女はより好きですか

(A)　赤いドレス
(B)　ブルーのドレス
(C)　どちらも（好きで）ない
(D)　赤とブルーのドレス

prefer A to B　Aの方を好むBより　　one　dressを指す
both 〜　両方の〜　　choose　選ぶ　　Why not 〜?　なぜ〜しないのか
get　買う　　both　両方とも（themと同格）　　be 〜 %off　〜%引きである
neither 〜　どちらも〜ない

Chapter 73　解答　A

171

Chapter 75　1-76　2-66

Part 3

What does the man want to do tomorrow?
(A) Go to the beach in the afternoon.
(B) Play tennis in the morning.
(C) Have dinner at a Korean restaurant.
(D) Play tennis in the afternoon.

(A) (B) (C) (D)

ゼンメソッド
をしよう！

p.158参照

Part 3 Chapter 75

F: The weather forecast said it's going to be sunny tomorrow.
M: I hope so. I want to play tennis in the morning.
F: Me, too. Shall we have lunch afterwards?
M: Sure. There's a new Korean restaurant I'd like to try.

Part 3 Chapter 74　解答解説

F:　航空運賃は　イタリアへの　より安いです　ハワイへのそれ（that＝運賃）　よりも（than）
M:　わー／私は　知りませんでした　それを／そこで　あなたは　望みますか　行く事を　ローマへ、　それでは
F:　もちろん、でも　私は　行った事があります　そこへ　前に、ネッ
M:　あなたが　（行った事が）ある？／いつでしたか　それは

なぜ　彼らは　行かないのですか　ハワイへ
(A) 彼女は　望みます　練習する事を　話す事を　イタリア語を
　　→彼女はイタリア語を練習したい
(B) 彼らは　節約する事ができます　お金を　行く事によって　ローマへ
(C) 彼女は　訪れた事があります　イタリアを　前に
(D) 彼らは　持っている　友達を　ローマで

airfare　航空運賃　　that＝airfare
you know　（間をもたせるための）ネッ、ホラ
You have?→ You have been there before?の略　言葉じりを上げることで疑問文になる
practice ～ ing　～する事を練習する　　save　節約する

Chapter 74　解答　1 — B

Chapter 76

1-77　2-67

Part 3

What kind of music does she like?
(A) Rock and roll.
(B) Jazz.
(C) Beatles music.
(D) Country and western.

(A) (B) (C) (D)

ゼンメソッドをしよう！

p.158参照

Part 3 Chapter 76
F: There's a sale on CDs this Saturday.
M: Great! I hope they have some old Beatles CDs.
F: I want to look for some jazz albums.
M: We'd better get there early. There's sure to be a crowd.

Part 3 Chapter 75　解答解説
F: 天気予報は　言いました　それは（天候を指す）　晴れるでしょう　明日
M: 私は　望みます　そう／私は　望みます　テニスをする事を　朝に
F: 私も／昼食を食べましょうか　その後で
M: もちろん／あります　新しい韓国のレストランが　私が望む　試す事を
　→行ってみたい韓国料理店があります

何を　男性は　望んでいますか　する事を　明日
(A) 行く　浜へ　午後に
(B) テニスをする　朝に
(C) 夕食を食べる　韓国料理店で
(D) テニスをする　午後に

weather forecast　天気予報　　be going to ～　　～だろう（近い将来の見込み）
sunny　晴れた　　Shall we ～?　（相手の思いを尋ねて）～しましょうか
have (eat) lunch　昼食を食べる　　after wards　その後　　Korean　韓国の
I'd like = I would like → I want　より丁寧

Chapter 75　解答　B

77 Chapter 77

1-78 スロースピード　2-68 ノーマルスピード

Part 3

Why does she want to buy a house in the countryside?
(A) Houses are bigger in the countryside.
(B) Houses are cheaper in the countryside.
(C) She wants to commute to work.
(D) She doesn't like the city.

(A) (B) (C) (D)

ゼンメソッドをしよう！
p.158参照

Part 3 Chapter 77

F: I want to buy a house someday.
M: Me, too, but it is expensive to buy in the city.
F: Yes, I know. That's why I was thinking about buying in the countryside.
M: Then you'd have to commute to work.

Part 3 Chapter 76 解答解説

F: 特売があるわよ　CDに関して　この土曜日
　　→今度の土曜日CDのセールがあるわよ
M: いいね／私は　望みます　彼らが（店を指す）持っていることを　数枚の古いビートルズのCDを
　　→ビートルズのCDがあるといいな
F: 私は　望みます　捜すことを　数枚のジャズのアルバムを
M: 私たちは　買うほうがいいです　そこで　早く／あります　きっと　群衆が居る事が→きっと混み合うよ

何の種類の音楽を　彼女は　好きですか
(A) ロックンロール
(B) ジャズ
(C) ビートルズの音楽
(D) カントリー＆ウエスタン

sale on CDs　CDの特売　　look for ～　～を捜す
We'd better ＝ We had better　～する方がよい
be sure to ～　きっと～である　　crowd　群像

Chapter 76 解答　B

Chapter 78

1-79 2-69

Part 3

What caused the accident?
(A) The driver was watching TV.
(B) The snow made the road slippery.
(C) The bus had a flat tire.
(D) The passenger car did not stop.

(A) (B) (C) (D)

ゼンメソッド
をしよう！

p.158参照

Part 3 Chapter 78
F: This snow is causing a lot of accidents.
M: Yes, I saw it on TV.
F: Did you see where a bus slid into a passenger car near Tokyo?
M: Yes. Miraculously, no one was seriously injured.

Part 3 Chapter 77　解答解説
F:　私は　望んでいます　買う事を　家を　いつか
M:　私も、でも、　それは　高価です　買う事は　町で
　　→町で買うのは高いよな
F:　ええ、　私は　わかっています　それが　理由です　私が　考えていました　買う事について　田舎で
　　→だから田舎で買う事を考えていたわ
M:　もちろん、　それでは　あなたは　通勤しなければならないだろう　職場へ→もちろんだな、じゃ君は遠距離通勤をしないといけないな

なぜ　彼女は　望んでいますか　買う事を　家を　田舎で
(A) 家は　より大きい　田舎で
(B) 家は　より安い　田舎で
(C) 彼女は　望んでいる　通勤することを　職場へ
(D) 彼女は　好きではない　都会を

someday　いつか　　expensive　高価な⇔ cheap　安い
That's why　〜　それが〜の理由です　　　countryside　田舎⇔ city　都会
you'd = you would　〜だろう（控えめな表現）
commute　通勤する（遠距離を定期的に）

Chapter 77　解答　B

79) Chapter 79 ◎1-80 ◎2-70

Part 3

Why can't he come to her place for dinner tonight?
(A) He would rather do something else.
(B) He has to finish his report.
(C) He has to buy a bottle of wine.
(D) A new client is coming to meet him.

(A) (B) (C) (D)

ゼンメソッドをしよう！
p.158参照

Part 3 Chapter 79

F: Do you want to come over for dinner tonight?
M: I'd like to, but I have to finish this report for a client.
F: Maybe you can come tomorrow evening.
M: That'd be great. I'll bring a nice bottle of wine.

Part 3 Chapter 78　解答解説

F:　この雪は　引き起こしています　多くの事故を
M:　はい　私は　見ました　それを　テレビで
F:　あなたは　見ましたか　〜のところを　バスが　滑ってぶつかった
　　（ところを）　乗用車に　東京の近くで
　　→東京の近くでバスが滑って乗用車にぶつかったところを見ましたか
M:　はい／奇跡的に、　誰も　ひどく　けがをしませんでした

何が　引き起こしましたか　事故を
(A) 運転手は　見ていました　テレビを
(B) 雪は　させました　道路を　滑りやすく
　　→雪で道路は滑りやすくなっていました
(C) バスは　持ちました　平たいタイヤを
　　→バスはパンクしました
(D) 乗用車は　とまりませんでした

cause 〜　〜を引き起こす　　a lot of 〜　多くの〜（数・量）
accident 事故　　slide・slid・slid（活用）滑る　　passenger 乗客
miraculously 奇跡的に　　seriously ひどく　　be injured けがをする
slippery よく滑る　　have a flat tire　パンクする

Chapter 78　解答　B

80 Chapter 80   1-81   2-71

Part 3

Where is the staff room located?
(A) It's across the hall.
(B) It's where the orientation is being held.
(C) It's down the hall and to the right.
(D) It's down the stairs.

(A) (B) (C) (D)

ゼンメソッドをしよう！
p.158参照

Part 3 Chapter 80
F: Can you tell me where the staff room is, please?
M: It's down the hall on your right.
F: Thanks. Do you know if the orientation has started yet?
M: It'll start as soon as I get there. Hi, I'm your new boss.

Part 3 Chapter 79　解答解説
F: あなたは　望みますか　やって来る事を　夕食のために　今夜
M: 私は　望んでいるのですが、でも　私は　終えなければなりません　この報告書を　顧客のために
F: 多分　あなたは　来る事ができます　明日の夕方
　→じゃ、明日の夕方なら来れるわね
M: それなら　よい／私は　持って来るでしょう　おいしい　一瓶のワインを

なぜ　彼は　来ることができないのですか　彼女の所に　夕食のために　今夜
(A) 彼は　むしろ〜がよい　する（のが）　何か他の事を
(B) 彼は　終えなければなりません　彼の報告書を
(C) 彼は　買わなければならない　一瓶のワインを
(D) 新しい顧客が　やって来ることになっている　会うために　彼に

has to 〜又は have to 〜　〜しなければならない

client　顧客（参考: customer は商品を買うお客、client はサービスやアドバイスを買うお客。たとえば弁護士の依頼人）

That'd ＝(That would) be great.　それならよい（控えめな表現）

would rather 〜　むしろ〜がよい　　　something else　何か他の事

Chapter 79　解答　B

Chapter 81

1-82 スロースピード　2-72 ノーマルスピード

Part 3

What does she want to do in North America?
(A) She wants to find a homestay program.
(B) She wants to visit some relatives.
(C) She wants to travel around.
(D) She wants to get to know one place well.

(A) (B) (C) (D)

ゼンメソッドをしよう！
p.158参照

Part 3 Chapter 81

F: I want to visit North America next year.
M: Have you thought about a homestay program?
F: Not really. I want to travel around, not stay in one place.
M: Do you have any friends or relatives you can stay with?

Part 3 Chapter 80　解答解説

F:　あなたは　言う事ができますか　私に　どこに　職員室が　あるかを、
　　すみませんが→職員室がどこか教えてもらえますか
M:　それは　沿ってあります　廊下に　あなたの　右手に
　　→廊下を行って右ですよ
F:　ありがとう／あなたは　知っていますか　～かどうか　オリエンテーションがはじまった（かどうか）　もう
M:　それは　はじまるでしょう　～するとすぐ　私が　着く（とすぐ）そこへ／やあ、　私はあなたの新しい上司です

　　どこに　職員室は　位置していますか
(A)　それは　渡った所です　廊下を→それは廊下をへだてた向いです
(B)　それは　ところです　オリエンテーションが　催されている（ところ）
(C)　それは　沿ってあります　廊下に　そして　右手に
(D)　それは　沿ってあります　階段に

staff room　職員室　　　down ～　　～に沿って　　hall　廊下
orientation　新入社員などへの方向づけ　　yet　（疑問文で）もう
be located ～　　～に位置する　　hold　催す
on your right ＝ to the right　右手に

Chapter 80　解答　C

82 Chapter 82 🔘 1-83
ノーマルスピード

Part 3

Why does she like living in the city?
(A) It's very quiet and peaceful.
(B) There is plenty to see and do.
(C) Only young people live there.
(D) She's afraid of the countryside.

(A) (B) (C) (D)

Part 3 Chapter 82

F: I like living in the city. There are so many things to see and do.
M: I prefer living in the countryside. It's so quiet and peaceful there.
F: I am afraid I would get too bored.
M: You're still young. You'll probably change your mind someday.

Part 3 Chapter 81　解答解説

F:　私は　望んでいます　訪ねることを　北アメリカを　来年
M:　あなたは　考えていたのですか　ホームステイのプログラムについて
F:　そういうわけではないです／私は　望んでいます　あちこち旅行して回る事を、　滞在するのではなくて　一つの場所に
　　→滞在型ではなくあちこち旅行して回りたいのです
M:　あなたは　持っていますか　友達　あるいは　親戚を　あなたが　泊まれる

何を　彼女は　望んでいますか　することを　北アメリカで
(A)　彼女は　望んでいます　見つけることを　ホームステイプログラムを
(B)　彼女は　望んでいます　訪ねる事を　何人かの親戚を
(C)　彼女は　望んでいます　旅行して回る事を
(D)　彼女は　望んでいます　知るようになる事を　一つの場所を　十分に

travel around　あちこち旅行して回る　　stay　滞在する　　relative　親戚
stay with ～　～の家に泊まる　　get to know　知るようになる
well　十分に

Chapter 81　解答　C

Chapter 83

🔘 1-84
ノーマルスピード

Part 3

What are they going to do in Kobe?
(A) Go shopping for Christmas presents.
(B) Shop for bargains.
(C) Borrow her sister's car.
(D) Return some ski equipment.

(A) (B) (C) (D)

ゼンメソッドをしよう！
p.158参照

Part 3 Chapter 83

F: I'm going to Kobe to do some shopping. Do you want to come with me?
M: Sure. There are lots of after-Christmas sales on right now.
F: I'm going to borrow my sister's station wagon.
M: Good, because I'd like to buy some new ski equipment.

Part 3 Chapter 82　解答解説

F: 私は　好みます　住む事を　町に／あります　とても多くの事　見るべき　そして　するべき
M: 私は　好みます　住む事の方を　田舎に／それは　とても静かです　そして　穏やかです　そこで
F: 私は　心配します　私だったら　とても退屈するだろうと
M: あなたは　まだ　若いです／あなたは　たぶん　変えるでしょう　あなたの考えを　いつか

なぜ　彼女は　好みますか　住む事を　町に
(A) それは　とても　静かです　そして　穏やかです
(B) あります　多くの事　見るべき　そして　するべき
(C) 若い人たちだけが　住みます　そこに
(D) 彼女は　怖がっています　田舎を

prefer～ing　～する事の方を好む　　countryside　田舎　　quiet　静かな
peaceful　穏やかな、平和な　　be afraid～　～と心配する
get bored　退屈する　　change one's mind　考えを変える
plenty　たくさんのもの（量・数）　　be afraid of～　～をこわがる

Chapter 82　解答　B

84 Chapter 84 ♪1-85

Part 3

What does she want to do with her bonus?
(A) Invest in some stocks.
(B) Buy some stockings.
(C) Pay off her debts.
(D) Make a nice profit.

(A) (B) (C) (D)

ゼンメソッド
をしよう！

p.158参照

Part 3 Chapter 84

F: Our company made a nice profit this year.
M: I hope that means we get a big bonus.
F: Me, too. I want to invest in some stocks.
M: I'd like to pay off my credit card debts.

Part 3 Chapter 83   解答解説

F: 私は　行くつもりです　神戸へ　買い物をするために／あなたは　望みますか　来る事を　私と一緒に
M: もちろん／あります　多くの　アフタークリスマスセールが　行われた状態で　ちょうど今
F: 私は　借りるつもりです　私の姉妹のステーションワゴンを
M: いいね、　なぜなら　私は　望んでいるのです　買うことを　新しいスキー用品を

何を　彼らは　するつもりですか　神戸で
(A) 買い物へ行く　クリスマスプレゼントのために
(B) 買い物をする　特価品のために
(C) 借りる　彼女の姉妹の車を
(D) 返す　スキー用品を

do some shopping　買い物をする　　　on　行われて
There are lots of after-Christmas sales on　たくさんのアフタークリスマスセールが行われている
borrow　借りる　　　ski equipment　スキー用品（集合的に）　　　　shop　買い物をする
return　返す

Chapter 83　解答　B

85 Chapter 85 🎧 1-86

Part 3

Why doesn't he want to apply to university after high school?
(A) His parents won't pay his tuition.
(B) He can't take time off.
(C) He wants to travel.
(D) He wants to get his degree first.

(A) (B) (C) (D)

ゼンメソッドをしよう！
p.158参照

Part 3 Chapter 85
F: I've decided to apply to university for next year.
M: I want to take some time off and go traveling.
F: I'm going to wait until after college to travel.
M: My dad thinks I should get my degree first, too.

Part 3 Chapter 84　解答解説
　F:　私たちの　会社は　作りました　多くの利益を　今年
　　　→我が社は今年好調だったわね。
　M:　私は　望みます　それが　意味していると　私たちが　得る事を　たくさんのボーナスを→つまりそれがビッグボーナスにつながるといいな。
　F:　私も／私は　望みます　投資する事を　株に
　M:　私は　望んでいるのですが　清算する事を　私のクレジットカードの負債を

何を　彼女は　望みますか　する事を　彼女のボーナスを使って
(A) 投資する　株に
(B) 買う　ストッキングを
(C) 清算する　彼女の借金を
(D) 作る　多くの利益を

nice　見事な　　profit　利益　　make a profit　利益をあげる
mean　意味する　　invest　投資する
stock　株　　pay off　清算する　　credit card debts　クレジットカードの負債
with ～　～を使って（手段）　　stockings　ストッキング（長靴下）
Chapter 84　解答　A

86 Chapter 86　 1-87

Part 3

Why does she want to save more money?
(A) She wants to take a trip next year.
(B) They need a second car.
(C) She wants to go back to work.
(D) Because their budget won't allow it.

(A) (B) (C) (D)

ゼンメソッド
をしよう！

p.158参照

Part 3 Chapter 86
F:　We need to buy another car.
M:　Yes, but our budget won't allow it right now.
F:　We'll have to try and save more, then.
M:　Or maybe you could go back to work.

Part 3 Chapter 85　解答解説
　　F:　私は　決めました　出願する事を　大学に　来年のために
　　M:　私は　望みます　とる事を　休みを　そして　旅行に行く事を
　　F:　私は　待つつもりです　〜まで　大学の後（まで）　旅行する事を
　　M:　私の父も（too）　〜と考えています　私は　得るべきである（と）　私の学位を　まず

なぜ　彼は　望まないのですか　志願する事を　大学へ　高校後
(A)　彼の　両親は　払わないでしょう　彼の授業料を
(B)　彼は　取れない　休みを
(C)　彼は　望みます　旅行する事を
(D)　彼は　望みます　得る事を　彼の学位を　まず

I've = I have+ 過去分詞　〜したところだ（完了）

apply to 〜　〜に出願する、申し込む　　take some time off　休みを取る

go traveling　旅行する　　be going to 〜　〜するつもりである

until 〜　〜まで　　dad　パパ　　degree　学位　　parents　両親

tuition　授業料

Chapter 85　解答　C

Chapter 87

1-88

Part 3

Where do they know Richard from?
(A) College.
(B) The reunion.
(C) High school.
(D) His novel.

(A) (B) (C) (D)

ゼンメソッドをしよう！
p.158参照

Part 3 Chapter 87
F:　Have you read Richard's novel?
M:　Yes, I have. I had no idea he was such a good writer.
F:　In high school he was always such a poor student, wasn't he?
M:　I'm looking forward to seeing him at the reunion.

Part 3 Chapter 86　解答解説
　F:　私たちは　必要とします　買う事を　もう一台の車を
　M:　はい、でも　私たちの予算は　許さないでしょう　それを　ちょうど今
　F:　私たちは　試みなければならないでしょう　そして　貯めなけれならないでしょう　もっと、　それでは
　M:　あるいは　多分　あなたが　戻れるでしょう　仕事に

なぜ　彼女は　望みますか　貯める事を　もっと多くのお金を
(A) 彼女は　望みます　旅行する事を　来年
(B) 彼らは　必要とします　第二の車を
(C) 彼女は　望みます　戻る事を　仕事に
(D) なぜなら　彼らの予算は　許さないでしょう　それを

another　もう一つの　　budget　予算　　won't = will not　　allow　～　　～を許す
right now　ちょうど今　　save　貯める、節約する
could　できるだろう（可能性として）　　take a trip　旅行する
second　第二の

Chapter 86 解答　B

Chapter 88 　1-89

Part 3

How did he find out that the picnic had been cancelled?
(A)　He heard the financial report.
(B)　The woman notified him.
(C)　He read the office memo.
(D)　It was in the newspaper.

(A)　(B)　(C)　(D)

ゼンメソッドをしよう！
p.158参照

Part 3 Chapter 88
F: The annual company picnic has been cancelled.
M: Yes, I read the office memo this morning.
F: And I was looking forward to it. It's always a lot of fun.
M: I wonder if the company's financial situation had something to do with it.

Part 3 Chapter 87　解答解説
F:　あなたは　読んだ事がありますか　リチャードの小説を
M:　はい、　私は　読んだ事があります／私は　知りませんでした　彼がとても良い作家だと
F:　高校で　彼は　常に　あまり成績の良くない生徒でしたよね
M:　私は　楽しみにしています　会うのを　彼に　同窓会で

どこから（from）　彼らは　知っていますかリチャードを
(A)　大学
(B)　同窓会
(C)　高校
(D)　彼の小説

Have you read ～?　～を読んだ事がありますか（have+ 過去分詞→経験）
read・read・read（活用）読む　　　novel　小説　　　have no idea　知らない
such+ 形 + 名　とても～　　　poor　成績が悪い　　　～,wasn't he?　～でしたね
be looking forward to ～ ing　～を楽しみにしている　　　reunion　同窓会

Chapter 87　解答　C

89 Chapter 89 ◎ 1-90

Part 3

What kind of cake does he like?
(A)　He prefers fruitcake.
(B)　Actually, he doesn't like cake at all.
(C)　It makes no difference to him.
(D)　He likes chocolate cake.

(A) (B) (C) (D)

Part 3 Chapter 89
F: I'm going to bake a cake. What kind do you like?
M: I like chocolate cake better than fruitcake.
F: Great! I do, too.
M: Is there anything I can do to help?

Part 3 Chapter 88　解答解説
F: 年に一度の会社のピクニックは　キャンセルされました
M: はい、私は　読みました　会社のメモを　今朝
F: しかも　私は　楽しみにしていました　それを／それは　常に　とても　楽しいです
M: 私は　〜かしらと思う　会社の財務状態が　関係する（のかしら）　それと

どうやって　彼は　わかりましたか　ピクニックが　キャンセルされたことを
(A) 彼は　聞きました　財務報告を
(B) その女性が　知らせました　彼に
(C) 彼は　読みました　会社のメモを
(D) それは（そのニュースは）　ありました　新聞に

annual　年に一度の、例年の　　a lot of 〜　たくさんの〜（数にも量にも使う）
fun　楽しみ、面白い事　　wonder if 〜　〜かしらと思う　　financial　財務の
situation　状態　　have something to do with 〜　〜と関係がある
find out　わかる　　notify 〜　〜に知らせる　　in the newspaper　新聞紙上で
Chapter 88　解答　C

90 Chapter 90 ◎ 1-91

Part 3

When does he start his new job?
(A) He begins his new job next week.
(B) The job will start next month.
(C) He'll find out next week.
(D) He already started last month.

(A) (B) (C) (D)

ゼンメソッドをしよう！

p.158参照

Part 3 Chapter 90
F: Did you get the job?
M: Yes, I did. I start next week.
F: I'm really happy for you!
M: I've always wanted to work in the publishing industry.

Part 3 Chapter 89　解答解説
F:　私は　焼くつもりです　ケーキを／何の種類を　あなたは　好みますか
M:　私は　好みます　チョコレートケーキをより　フルーツケーキよりも
　　(than)
F:　いいわね／私も　(too)　好きです
M:　ありますか　何か　私がする事ができる　手伝うために
　　→何か手伝いましょうか

何の種類のケーキを　彼は　好きですか
(A) 彼は　好みます　フルーツケーキの方を
(B) 実は、　彼は　好きではない　ケーキを　全く
(C) それは　どうでもよい事だ　彼にとって
(D) 彼は　好みます　チョコレートケーキを

be going to ～　～するつもりである　　bake　焼く（ケーキやパン）
prefer ～　～の方を好む　　actually　実は　　not ～ at all　全く～ない
… make no difference to ～　…は～にとってどうでもよい事だ

Chapter 89　解答　D

9) Chapter 91 1-92

Part 3

What was the good news?
(A) The boss rejected his suggestion.
(B) The boss will think about his suggestion.
(C) His superior accepted his suggestion.
(D) The news arrived on time.

(A) (B) (C) (D)

Part 3 Chapter 91
F: What was the boss's reply to your suggestion?
M: He said he would think about it.
F: Well, that's good news, isn't it?
M: I guess so. At least he didn't turn me down outright.

Part 3 Chapter 90　解答解説
   F:　あなたは　得ましたか　仕事を
   M:　はい、私は　得ました／私は　始めます　来週
   F:　私は　本当に嬉しいです　あなたのために
      →私もとても嬉しいわ
   M:　私は　常に　望んでいました　働く事を　出版業で

いつ　彼は　始めますか　彼の新しい仕事を
(A) 彼は　始めます　彼の新しい仕事を　来週
(B) 仕事は　始まるでしょう　来月
(C) 彼は　見つけ出すでしょう　来週
(D) 彼は　すでに　始めました　先月
always　常に　　publishing industry　出版業
find out ～　～を見つけ出す　　already　すでに

Chapter 90　解答　A

Chapter 92　1-93

Part 3

Why couldn't she find the file?
(A)　She looked everywhere.
(B)　He put it on the wrong desk.
(C)　Someone took it by mistake.
(D)　He left it on the fax machine.

(A)　(B)　(C)　(D)

Part 3 Chapter 92
F: Where did you put the file? I couldn't find it anywhere.
M: I put it on your desk next to the fax machine.
F: My desk is not next to the fax machine!
M: Oh, no! I'll go get the file right away.

Part 3 Chapter 91　解答解説
F:　何が　上司の返事でしたか　あなたの提案に対して
M:　彼は　言いました　彼は　考えるだろうと　それについて
F:　そうねぇー、それは　いいニュースね
M:　私は　思います　そう／少なくとも　彼は　私を拒絶しなかった　即座に

何が　いいニュースでしたか
(A) 上司は　拒否しました　彼の提案を
(B) 上司は　考えるでしょう　彼の提案について
(C) 彼の先輩は　受諾しました　彼の提案を
(D) ニュースは　届きました　時間通りに

boss　上司　　reply　返事　　suggestion　提案　　〜, isn't it?　〜ね
guess　思う　　at least　少なくとも　　turn down　拒絶する
outright　即座に　　reject　拒否する　　superior　先輩
accept　受け入れる　　arrive　到着する　　on time　時間通りに

Chapter 91　解答　B

Chapter 93 1-94

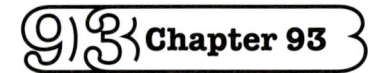

Part 3

Why was he going to use his credit card to buy lunch?
(A) He lost his purse.
(B) He had no cash with him.
(C) Credit cards are easier to use.
(D) He's leaving on a business trip.

(A) (B) (C) (D)

Part 3 Chapter 93

F: I forgot my purse at home today. Could you lend me some money for lunch?
M: All I have is a credit card. I'll pay this time.
F: Thanks. I'll buy lunch tomorrow, then.
M: Have you forgotten? I'm leaving for Miami tomorrow.

Part 3 Chapter 92　解答解説

F: どこへ　あなたは　置きましたか　ファイルを／私は　見つける事ができませんでした　それを　どこにも
M: 私は　置きました　それを　あなたの机の上に　ファックスの隣の
F: 私の机は　ありません　ファックスの隣に
　→私の机はファックスの隣ではないわ
M: なんてことだ／私が　取りに行こう　そのファイルを　すぐに

なぜ　彼女は　見つけられなかったのですか　ファイルを
(A) 彼女は　見ました　至る所
(B) 彼は　置きました　それを　間違った机の上に
(C) 誰かが　取りました　それを　間違って
(D) 彼は　置き去りにしました　それを　ファックスの上に

anywhere　どこにも　　next to ~　~の隣に　　fax machine　ファクシミリ
right away　すぐに　　go get it　それを取りに行く　　everywhere　至る所に
wrong　間違った　　by mistake　間違って
leave ・ left ・ left（活用）置き去りにする

Chapter 92　解答　B

即効！スコアに差！『ゼンメソッド』実践法

パート4解答法
　説明文が流れます。その説明文に関する問題が左のページにあります。それぞれの問題に対して適切な答えをABCDの中から1つ選びます。

パート4集中法（英語がはっきりゆっくり聞こえる法）
（1）　設問と選択肢全体を視野に入れながら説明文を聞きます。それと同時に
（2）　鼻からゆっくりと、息を長く吐きながら英語を聞きます。
　※吐けば自然に吸い込むので、吸うことは気にする必要はありません。

リスニングの際、(1) と (2) をすると
集中力（リスニングスコア）アップ！

リスニング集中法『ゼンメソッド』では、穏やかにゆっくりと、少しずつ鼻から息を吐いていくので、あたかも息が止まっているような感じがします。集中力が高まり、音と自分とが一体になる感じです。

※『ゼンメソッド』の要領がすぐにつかめない場合があるかもしれません。それでもリスニングをする時は毎回実践しましょう。平均4〜5回練習すると要領がつかめるでしょう。

　なお本書の対訳は、直読直解に慣れるように、できるだけ英語の語順で並べてあります。

※訳文の日本語を英単語に置き換えてみましょう。英文がすぐに口から出てくるのを体験できます。

94 Chapter 94   2-1 2-73

Part 4

1. What season is finally here?
   - (A) Flu season.
   - (B) Baseball season.
   - (C) Cherry blossom season.
   - (D) The rainy season.

   (A) (B) (C) (D)

2. Why should you sign up now?
   - (A) Because you can see mountains and lakes.
   - (B) Because now is the best time.
   - (C) Cameras are on sale.
   - (D) Our tours aren't very expensive.

   (A) (B) (C) (D)

Part 4 Chapter 94

Cherry blossom season is finally here! The flowers are in full bloom all over the city. So now is the time to get out your cameras and take some photographs of these lovely spring blooms. Sign up for one of our tours now — before it's too late.

Part 3 Chapter 93　解答解説

F: 私は　忘れました　私の財布を　家に　今日／あなたは　貸してくださいますか　私に　いくらかのお金を　ランチのために
M: 私が持っているすべては　クレジットカードです／私は　払うでしょう　今回
F: ありがとう／私は　おごるでしょう　ランチを　明日、それでは
M: あなたは　忘れてしまったのですか／私は　出発します　マイアミへ　明日

なぜ　彼は　使うつもりでしたか　彼のクレジットカードを　おごるために　ランチを
(A) 彼は　なくしました　彼の財布を
(B) 彼は　持っていませんでした　現金を　彼と一緒に
　　→彼は現金を所持していませんでした
(C) クレジットカードは　より簡単です　使うのに
(D) 彼は　出発します　出張で

purse　財布（口金付）　　Could you ～?　～して頂けますか（Can you ～?よりも丁寧）
lend　貸す　　all I have is ～　私が持っているのは～だけである
buy ～　～をおごる（食事など）　　forget・forgot・forgotten（活用）忘れる
lose・lost・lost（活用）失くす　　on a business trip　出張で

Chapter 93　解答　B

Chapter 95

2-2 スロースピード　2-74 ノーマルスピード

Part 4

1. What kind of books are they advertising?
   (A) Books on raising children.
   (B) Books on how to paint and draw.
   (C) Books on photography.
   (D) Books for children.

   (A) (B) (C) (D)

2. What kind of service do they offer customers?
   (A) Carrying the books home.
   (B) Selecting the right book.
   (C) Giving their children check-ups.
   (D) Finding the books customers want.

   (A) (B) (C) (D)

ゼンメソッドをしよう！
p.210参照

214

Part 4 Chapter 95

Come in and check out our large selection of picture books! We carry over 10,000 of the best books for children. If you can't find what you want, we'll find it for you.

Part 4 Chapter 94　解答解説

桜の季節が　あります　ついに　ここに→いよいよ桜の季節となりました／花は満開です　町中／そこで　今は　その時です　取り出すための　あなたのカメラを　そして　写真を撮るための　これらの美しい春の花の／契約してください　1つのために　我々のツアーの　今—〜前に　遅くなりすぎる（前に）→お申し込みは今!

1. 何の季節が　あるのですか　ついに　ここに
    (A) インフルエンザの季節
    (B) 野球の季節
    (C) 桜の季節
    (D) 雨の季節
2. なぜ　あなたは　契約するべきですか　今
    (A) なぜならば　あなたは　見ることができる　山と湖を
    (B) なぜならば　今が　最もよい時である
    (C) カメラは　特売である
    (D) 私たちの旅行は　それほど高くない

cherry blossom　桜　　season　季節　　finally　ついに、ようやく
be in full bloom　満開である　　all over the city　町中
get out 〜　〜を取り出す　　take some photographs　写真を撮る
sign up for 〜　〜に申し込む、(購入契約をする)　　tour　旅行
flu　インフルエンザ　　rainy season　雨の多い季節
be on sale　特売である　　expensive　高価な

Chapter 94　解答　1—C, 2—B

96 Chapter 96 ⏺2-3 ⏺2-75

Part 4

1. Who is making the announcement?
   (A) Air Canada.
   (B) Mr. Taisuke Saito.
   (C) Swiss Air.
   (D) Airport security.

   (A) (B) (C) (D)

2. What should Mr. Saito do?
   (A) Contact Swiss Air.
   (B) Contact Air Canada.
   (C) Answer his phone.
   (D) Depart immediately.

   (A) (B) (C) (D)

ゼンメソッド
をしよう！
p.210参照

Part 4 Chapter 96

Air Canada paging Mr. Taisuke Saito. Please come to the Air Canada counter on the departure floor right away. If you are near an information desk, please contact us as soon as possible.

Part 4 Chapter 95 解答解説

お越しください そして 確かめてください 我々の大規模なセレクションを 絵本の／私共は 置いています 10,000以上の最良の本を 子供たちのための →私どもはより抜かれた10,000冊以上の子供の本を置いております／もし あなたが 見つけることができなければ あなたが欲する物を、 私たちは 見つけるでしょう それを あなたのために

1. 何の種類の本を 彼らは 宣伝していますか
   (A) 本　子育てについての
   (B) 本　絵を描く方法についての
   (C) 本　写真撮影についての
   (D) 本　子供たちのための
2. どんな種類のサービスを 彼らは提供しますか 顧客に
   (A) 運ぶ事　本を　家に
   (B) 選ぶ事　適切な本を
   (C) 与える事 彼らの子供たちに　健康診断を
   (D) 見つける事　本を　顧客が　欲する

come in　入る　　check out 〜　〜を確かめる　　selection　選択、精選

picture book　絵本　　carry　店に置く、運ぶ

over 10,000 of the best books　10,000冊以上の最良の本

what you want　あなたがほしい物を　　kind　種類　　advertise　宣伝する

books on 〜　〜についての本（"books about 〜"よりも専門的な場合）

how to 〜　〜する方法　　paint　絵を描く（絵の具で）

draw　描く（鉛筆やペン等で）　　photography　写真撮影　　offer　提供する

right　適切な　　customer　顧客　　check-up　健康診断

Chapter 95 解答　1 — D, 2 — D

Chapter 97

2-4 2-76

Part 4

1. How much is the bus fare to downtown?
   - (A) Two dollars.
   - (B) Twenty dollars.
   - (C) It's the cheapest.
   - (D) The taxi costs more.

   (A) (B) (C) (D)

2. Where should the passenger transfer?
   - (A) To downtown.
   - (B) At Main Street.
   - (C) At the YMCA.
   - (D) To a Number 2 bus.

   (A) (B) (C) (D)

Part 4 Chapter 97

The cheapest way to get downtown is to take the bus. It's only $2.00. Get off at Main Street, then take a Number 2 bus to the YMCA. Your driver will give you a transfer. Of course you can take a taxi, but that'll cost you $20.

Part 4 Chapter 96　解答解説

　　カナダ航空のお呼び出しです　斉藤太介様／どうぞ　来て下さい　カナダ航空カウンターに　出発階の　今すぐに／もしも　あなたが　近くにいるならば　インフォメーションデスク（案内所）の、　どうぞ　連絡してください　我々にできるだけ早く

1. 誰が　アナウンスをしているのですか
   (A) カナダ航空
   (B) 斉藤太介さん
   (C) スイス航空
   (D) 空港警備
2. なにを　斉藤さんは　するべきですか
   (A) 連絡をとる　スイス航空に
   (B) 連絡をとる　カナダ航空に
   (C) 答える　彼の電話に
   (D) 出発する　すぐに

　　page　人の呼び出しをする　　departure　出発　　floor　階　　right away　すぐに
　　information　情報、案内　　contact 〜　〜と連絡を取る
　　as soon as possible　できるだけ早く　　make an announcement　アナウンスをする
　　Swiss　スイスの　　security　警備　　depart　出発する　　immediately　すぐに

Chapter 96 解答　1 ― A, 2 ― B

Chapter 98

Part 4

1. When does the sale end?
   - (A) This Sunday.
   - (B) On Friday.
   - (C) There's no need to hurry.
   - (D) On New Year's Day.

   (A) (B) (C) (D)

2. What items are on sale?
   - (A) Yellow Tag items.
   - (B) Red Tag items.
   - (C) Blue Tag items.
   - (D) White Tag items.

   (A) (B) (C) (D)

ゼンメソッドをしよう！
p.210参照

Part 4 Chapter 98

Come in and check out all our New Year's Day sale items. Many are over 50% off! All Red Tag items must go! The sale ends this Friday, so hurry. Check our ad in the Sunday *Times* for more great weekly deals.

Part 4 Chapter 97 解答解説

　最も安い方法は　着くための　ダウンタウンへ　乗ることです　バスに／それは　たった2ドルです／降りてください　メインストリートで　それから　乗ってください　2番のバスに　YMCAまで／あなたの運転手は　与えるでしょう　あなたに　乗り換えを／もちろん　あなたは　乗ることが出来ます　タクシーに　でも　それは　（金額が）かかります　あなたに　20ドル

1. いくらですか　バス料金は　ダウンタウンへの
   (A) 2ドル
   (B) 20ドル
   (C) それは　最も安いです
   (D) タクシーは　（金額が）かかります　もっと
2. どこで　乗客は　乗り換えるべきですか
   (A) ダウンタウンへ
   (B) メイン・ストリートで
   (C) YMCAで
   (D) 2番のバスへ

downtown　繁華街、繁華街へ　　transfer　乗り換える、乗り換え

get off at ～　～で降りる　　take　（乗り物に）乗る

fare　運賃（バス・電車・船など）

Chapter 97 解答　1－A, 2－B

Chapter 99

Part 4

1. Why were all flights cancelled?
   - (A) It snowed last night.
   - (B) It's too foggy.
   - (C) It has started snowing.
   - (D) They are being re-scheduled.

   (A) (B) (C) (D)

2. Whom should passengers call?
   - (A) The radio station.
   - (B) The weatherman
   - (C) Airport information.
   - (D) Arrivals and departures.

   (A) (B) (C) (D)

ゼンメソッドをしよう！
p.210参照

Part 4 Chapter 99

Due to last night's snowstorm, all flights have been cancelled until further notice. Please call airport information for re-scheduled departures and arrivals.

Part 4 Chapter 98　解答解説
　お越しください　そして　確かめてください　全ての　我々の新年のセール品を／多くが　50％以上オフ（割引）です／すべての赤札商品は　売り切れゴメン／セールは　終わります　今週の金曜日に　だから　急いでください／確かめてください　我々の広告を　サンデータイムズの紙面の中にある　もっとすばらしい毎週の特売品のために→サンデータイムズの広告をお見逃しなく　週の掘り出し物あり！

1. いつ　セールは　終わりますか
   (A) 今週の日曜日
   (B) 金曜日に
   (C) 必要はない　急ぐという
   (D) 元旦に
2. 何の商品が　セールですか
   (A) 黄色の札の商品
   (B) 赤札の商品
   (C) ブルーの札の商品
   (D) 白い札の商品

come in　入る　　　sale　特売　　item　商品　　50% off　50％割り引いて
tag　付け札（定価などの）　　end　終わる　　hurry　急ぐ
must go　今回赤札にしている在庫の商品が売れればその商品に関しては追加は無いという事
check　確かめる　　ad = advertisement　広告　　the ~ Times　~タイムズ（新聞名）
deal = bargain　　on sale　売り出し中

Chapter 98 解答　1 — B, 2 — B

Chapter 100

2-7 スロースピード　2-79 ノーマルスピード

Part 4

1. Who is making this announcement?
   (A) A salesperson.
   (B) The show's director.
   (C) The ticket office.
   (D) A customer with extra tickets.

   (A) (B) (C) (D)

2. What is still available?
   (A) Good seats for tonight's performance.
   (B) The 8:30 show.
   (C) At Window 4.
   (D) A one-way ticket.

   (A) (B) (C) (D)

ゼンメソッドをしよう！
p.210参照

Part 4 Chapter 100

Your attention, please! The 2:00 o'clock matinee performance for "Yes, My Love" has just been sold out. There are still some good seats available for tonight's 7:30 show, however. If you would like to purchase tickets, step up to Window 4 now.

Part 4 Chapter 99　解答解説

　〜のために　昨夜の吹雪（のために）、　すべての便は　キャンセルされています　〜まで　さらなるお知らせ（まで）→昨夜の吹雪のために、追ってお知らせがあるまですべての便が運休しています／どうぞ　電話してください　空港案内に　計画を変更された出発　そして　到着のために

1. なぜ　全ての便は　キャンセルされたのですか
    (A) 雪が降った　昨夜
    (B) あまりにも霜が立ちこめている
    (C) 雪が　降り始めた
    (D) それらは　計画が変更されつつある
2. 誰に　乗客は　電話をするべきですか
    (A) ラジオ局
    (B) 天気予報官
    (C) 空港案内
    (D) 到着と出発

   due to 〜　〜のために　　snowstorm　吹雪　　last night　昨夜
   flight　便、飛行　　cancel　取り消す　　further　さらなる
   notice　知らせ（参考: further news　続報）　　re-schedule　計画を変更する
   departure　出発　　arrival　到着　　foggy　霧の立ちこめた　　start 〜 ing　〜始める
   passenger　乗客

Chapter 99　解答　1 — A, 2 — C

Chapter 101

2-8 2-80

Part 4

1. In what business sector did sales rise last year?
    - (A) Light industry.
    - (B) IT.
    - (C) Southern California.
    - (D) Land and housing.

    (A) (B) (C) (D)

2. Why is the market still strong?
    - (A) New immigration and industries.
    - (B) Rising sales in other parts of the country.
    - (C) The excellent location.
    - (D) 3% lower prices.

    (A) (B) (C) (D)

ゼンメソッドをしよう！
p.210参照

Part 4 Chapter 101

Real estate sales in the Southern California area rose by 3% last year. The market remains strong due to continuing immigration from other parts of the country and the relocation of light industries in the IT sector into our area.

Part 4 Chapter 100　解答解説

皆様に申し上げます　2:00 の昼興行上演は　"Yes, My Love" のための　只今売り切れました／あります　まだいくらかのよい席が　利用できる　今夜の 7:30 のショーのために、　しかしながら→ "Yes, My Love" の 2 時上演チケットは只今完売致しましたが、今夜 7:30 の上演には残席がございます／もしお望みならば　買うこと　チケットを、　お越し下さい　4 番窓口へ　今

1. 誰が　していますか　このアナウンスを
   (A) 店員
   (B) ショーの演出家
   (C) チケット取扱所
   (D) お客　余分なチケットを持った
2. 何が　まだ利用できますか
   (A) よい席　今夜の上演のための
   (B) 8:30 のショー
   (C) 4 番窓口で
   (D) 片道乗車券

Your attention, please!　皆様に申し上げます　　attention　注意　　matinee　昼興行　performance　上演　be sold out　売り切れである　　available　利用できる　purchase　購入する　　step up ＝ go to, approach　近づく　salesperson　店員　　director　演出家　　extra　余分の

Chapter 100　解答　1 — C, 2 — A

Chapter 102

2-9 スロースピード　2-81 ノーマルスピード

Part 4

1. What do the lunch specials not include?
   - (A) Salad.
   - (B) Coffee or tea.
   - (C) Dessert.
   - (D) A cup of soup.

   (A) (B) (C) (D)

2. What is served over rice?
   - (A) Curried beef.
   - (B) Clam chowder.
   - (C) Chocolate mousse.
   - (D) Oriental dressing.

   (A) (B) (C) (D)

ゼンメソッドをしよう！
p.210参照

Part 4 Chapter 102

Today's $5.95 lunch special is Curried Beef on Rice. Our soup-of-the-day is Boston clam chowder. Today's dessert is chocolate mousse. The special includes a small salad with oriental dressing, a cup of soup, and your choice of coffee or tea.

Part 4 Chapter 101　解答解説

　不動産の売上が　南カリフォルニア地区で　上がりました　3%　昨年／市場は　強いままです～のために　続いている移民　国の他の地域からの　そして　軽工業の移転（のために）　IT分野における　この地区への→市場は、国の他の地域からの継続する移民とIT関連の軽工業のこの地区への移転のために依然として強力です。

1. どのビジネス分野において　売上げが　上がりましたか　昨年
    (A) 軽工業
    (B) IT
    (C) 南カリフォルニア
    (D) 土地と住宅
2. なぜ　市場が　まだ　強いのですか
    (A) 新たな移民　そして　産業
    (B) 増大する売り上げ　国の他の地域における
    (C) すばらしい所在地
    (D) 3% 安い価格

real estate　不動産　　sales　売り上げ（高）
rise・rose・risen（活用）上がる⇔fall　落ちる
by ～　程度を表す　　market　市場　　remain ～　～のままである
due to ～　～のために　　continue　続く　　immigration　（入国）移民
light　軽い⇔heavy　重い　　industry　工業、産業　　relocation　移転
IT = information technology　　sector　分野　　housing　住宅
still　まだ、今でも　　location　所在地　　lower　さらに安い（価格など）

Chapter 101　解答　1 — D, 2 — A

Chapter 103

2-10 2-82

Part 4

1. How long does the exam last?
   - (A) Until it is completed.
   - (B) 60 minutes.
   - (C) An hour and a half.
   - (D) Two hours.

   (A) (B) (C) (D)

2. What is allowed on the desks?
   - (A) The exam paper only.
   - (B) Two ballpoint pens.
   - (C) Pencils, erasers and calculators.
   - (D) They must be completely clear.

   (A) (B) (C) (D)

Part 4 Chapter 103

Here are your papers. You have 90 minutes to complete the exam. Your desktop must be cleared of all items except two HB pencils and an eraser. Calculators are also allowed. When you are finished, remain in your seats until time is up. All right, start.

Part 4 Chapter 102　解答解説

本日の5ドル95セントのランチスペシャルは　ビーフカレーライスです／当店の本日のスープは　ボストンクラムチャウダーです／今日のデザートは　チョコレートムースです／スペシャルは　含んでいます　オリエンタルドレッシング付の小さなサラダ、カップスープ　そしてコーヒーか紅茶のあなたの選択を（含んでいます）→そしてコーヒーか紅茶をお選び頂けます

1. 何を　ランチスペシャルは　含んでいませんか
   (A) サラダ
   (B) コーヒー又は紅茶
   (C) デザート
   (D) カップスープ
2. 何が　供されていますか　ごはんの上に
   (A) カレーで味付けされた牛肉
   (B) クラムチャウダー
   (C) チョコレートムース
   (D) オリエンタルドレッシング

   special　（レストランなどの）お勧め品
   curried beef　カレーで味付けされた牛肉　　　clam　二枚貝の総称
   chowder　チャウダー（魚介類等と野菜に牛乳を加えて煮たスープ）　　　dessert　デザート
   chocolate　チョコレート
   mousse　ムース（あわ立てた生クリームに卵白、砂糖などを加え冷やして作るデザート）
   include　含む　　　choice　選択　　　serve　（食卓に）出す、供する
   oriental　東洋の

Chapter 102　解答　1 — C, 2 — A

Chapter 104

Part 4

1. Why is watering lawns being restricted?
   - (A) There's a water shortage.
   - (B) Until it rains again.
   - (C) To receive heavy fines.
   - (D) It rained all winter and spring.

   (A) (B) (C) (D)

2. When are odd-numbered houses allowed to water?
   - (A) On Sundays and Mondays.
   - (B) On Tuesdays and Thursdays.
   - (C) On Wednesdays and Saturdays.
   - (D) Once a week.

   (A) (B) (C) (D)

Part 4 Chapter 104

Due to the shortage of rainfall this past winter and spring, watering lawns will be restricted to certain days. Houses with even numbers will be allowed to water on Mondays and Wednesdays, odd-numbered houses on Tuesdays and Thursdays. Violators will receive heavy fines.

Part 4 Chapter 103　解答解説

　ここに　あります　あなたの用紙が→試験用紙を配ります／あなたは持っています　90分を　終えるために　試験を／あなたの机の上は　片付けられなければなりません　すべての物から　～以外は　2本のHB鉛筆と消しゴム（以外は）→2本のHB鉛筆と消しゴム以外はすべて片付けてください／計算機もまた　許されます／～時　あなたが終える（時）、　残る　あなたの席に　～まで時間が終わる（まで）→試験を終えても時間が来るまでは席に残っていてください／それでは、始め

1. どれくらい　試験は　続きますか
   (A) まで　それが完成される（まで）
   (B) 60分
   (C) 1時間半
   (D) 2時間
2. 何が　許されますか　机の上に
   (A) 試験用紙のみ
   (B) 2本のボールペン
   (C) 鉛筆、消しゴム　そして　計算機
   (D) それらは　完全に　片付けられなければならない

minute　分　　complete　完了する　　exam = examination　試験
desktop　机の上　　clear ～　～を片付ける　　except　～以外は
eraser　消しゴム　　calculator　計算機　　allow　許す
be finished　終える　　remain　残る　　seat　席
time is up　時間が切れる　　last　続く　　ballpoint pen　ボールペン
completely　完全に

Chapter 103　解答　1 — C, 2 — C

Chapter 105

Part 4

1. What is the appointment for?
   (A) A physical examination.
   (B) Dr. Kildare's office.
   (C) 2:30 p.m.
   (D) Tomorrow.

   (A) (B) (C) (D)

2. What happens if the patient fails to call in time?
   (A) The appointment is cancelled.
   (B) He or she will be re-scheduled.
   (C) There will be a charge.
   (D) The office will call to remind him or her again.

   (A) (B) (C) (D)

Part 4 Chapter 105

This is Dr. Kildare's office calling to remind you that you have an appointment for a routine medical check-up tomorrow at 2:30 p.m. If you wish to cancel, please call us before 5 p.m. today, or we will have to charge you for a missed appointment. Thank you.

Part 4 Chapter 104　解答解説

　　〜のために（Due to）　不足　降雨の　この過ぎ去った冬と春における、水をやることは　芝生に　制限されるでしょう　ある一定の日数に対して→冬と春の雨不足のために、芝生の水やりが一定期間制限されます／（住所が）偶数の家は　許されるでしょう　水やりをする事を　月曜日と水曜日に　奇数の家は　火曜日と木曜日に／違反者は　受けるでしょう　重い罰金を（注：水の節約のために、住所に偶数番号がついているか奇数かで芝生の水やりの曜日を決めている）

1. なぜ　水をやることは　芝生に　制限されつつあるのですか
   →なぜ芝生の水やりは制限されるのですか
   (A) あります　水不足が
   (B) 〜まで　it（天候を指す）　雨が降る（まで）　再び
   (C) 受けること　重い罰金を
   (D) It（天候を指す）　雨が降った　冬と春中
2. いつ　奇数の家は　ゆるされていますか　水やりをする事を
   (A) 日曜日　そして　月曜日に
   (B) 火曜日　そして　木曜日に
   (C) 水曜日　そして　土曜日に
   (D) 週に一度

due to 〜　〜のために　　shortage　不足　　rainfall　降雨
past　過ぎ去った　　water 〜　〜に水やりする　　lawn　芝生
restrict　制限する　　certain　ある一定の
even　偶数の⇔odd　奇数の　　allow　許す　　violator　違反者
receive　受け取る　　fine　罰金　　once a week　週に一度

Chapter 104 解答　1 — A, 2 — B

Chapter 106

Part 4

1. Who leads the world in the number of cellphone users?
   - (A) North America,
   - (B) Canada.
   - (C) The United States.
   - (D) Japan.

   (A) (B) (C) (D)

2. What is the trend in North America?
   - (A) More and more people are using cellphones.
   - (B) The number of Internet users is dropping.
   - (C) Canada is catching up with Japan in the number of Internet users.
   - (D) Over the last 24 months.

   (A) (B) (C) (D)

Part 4 Chapter 106

Sales of cellphones have risen by over 30% in North America in the last 24 months. While Japan still leads the world in cellphone users, it lags behind North America in the number of Internet users, although the gap is slowly narrowing.

Part 4 Chapter 105　解答解説

　こちらは　キルデイア診療所が　電話しています　思い出させるために　あなたに　あなたが　持っている事を　約束を　定期的な健康診断のために　明日午後2時30分に／もしあなたが　望むなら　キャンセルすることを　どうぞ電話してください　我々に　午後5時前に　今日　さもなくば　我々は　請求しなければいけないでしょう　あなたに　守られなかった約束のために→ご連絡がない場合はチャージがかかります

1. 何のための約束ですか
    (A) 健康診断
    (B) キルデイア医師の診療所
    (C) 午後2時30分
    (D) 明日
2. 何が　起りますか　もし　患者が　〜しそこなう　電話をする事を　間に合って→患者が時間内に電話連絡をしなければどうなりますか
    (A) 約束は　取り消される
    (B) 彼又は彼女は　計画を変更される
    (C) 請求があるでしょう
    (D) 診療所は　電話するでしょう　思い出させるために　彼又は彼女に　再び

remind　思い出させる　　appointment　約束　　routine　定期的な
medical check-up ＝ physical examination　健康診断
please …,or 〜　…してください、さもなければ〜　　charge　請求する、請求
miss　（約束）守れない　　patient　患者　　fail to 〜　〜しそこなう
in time　間に合って　　re-schedule　再び計画する

Chapter 105　解答　1 ─ A，2 ─ C

107 Chapter 107

2-14

Part 4

1. What are students not allowed to bring to class with them?
   - (A) Calculators.
   - (B) Cellphones.
   - (C) Computers.
   - (D) CD players.

   (A) (B) (C) (D)

2. Where is running not permitted?
   - (A) In the hallways.
   - (B) Anywhere on school grounds.
   - (C) While carrying sharp objects.
   - (D) In the principal's office.

   (A) (B) (C) (D)

Part 4 Chapter 107

This school is run on the principle of respect for others. No cellphones are allowed in the classrooms. Running in the hallways will not be permitted. Students caught carrying knives or other sharp objects will have them taken away and be sent to the principal's office.

Part 4 Chapter 106　解答解説

売り上げは　携帯電話の　上がりました　30％以上　北アメリカで　この 24 ケ月において／～とはいえ　日本が　まだ　リードしている（とはいえ）　世界を携帯の使用者において、　日本は（it)　遅れています　北アメリカに　インターネット使用者の数において、　もっとも　その差は　ゆっくりと　狭くなっていますが

1. 誰が（＝どの国が）　リードしていますか　世界を　携帯電話の使用者の数において
   (A) 北アメリカ
   (B) カナダ
   (C) アメリカ
   (D) 日本
2. 何が　傾向ですか　北アメリカにおいて
   (A) ますます多くの人が　使っています　携帯電話を
   (B) インターネット使用者の数が　落ちている
   (C) カナダは　追いつきかけている　日本に　インターネット使用者の数において
   (D) この 24 ケ月以上

   sales　売り上げ（高）　　　cellphone　携帯電話
   rise・rose・risen（活用）　上がる　　while ～　　～とは言え
   lag behind　～より遅れる　　　narrow　狭くなる
   …, although ～　もっとも～であるが　　trend　傾向
   more and more　ますます多くの　　drop　落ちる
   catch up with ～　　～に追いつく

Chapter 106　解答　1 — D, 2 — A

Chapter 108 2-15

Part 4

1. What number is customer service?
   - (A) 1.
   - (B) 2.
   - (C) 3.
   - (D) 0.

   (A) (B) (C) (D)

2. What number should callers press to find out about current sale items?
   - (A) 0.
   - (B) 1.
   - (C) 2.
   - (D) 3.

   (A) (B) (C) (D)

ゼンメソッドをしよう！
p.210参照

Part 4 Chapter 108

Thank you for calling Shaw Systems. If you wish to find out about our business hours, please press 1. If you would like to speak with customer service, please press 2. If you have questions about your current bill, press 3. All other questions, please press 0.

Part 4 Chapter 107 解答解説

　この学校は営まれています　原則に基づいて　他の尊重という／携帯電話は許されていません　教室で／走ることは　廊下で　許されないでしょう／学生たちは　見つけられた　携帯していることを　ナイフあるいは他の鋭い物を　取り上げられるでしょう　そして　送られるでしょう　校長室へ→ナイフや他の鋭い物を所持しているのを見つけられた学生は、それらを取り上げられ校長室へ呼び出されます

1. 何を　学生たちは　許されませんか　持って来ることを　クラスへ　彼らとともに→クラスへ持ち込みが禁止されているものは何ですか
    (A) 計算機
    (B) 携帯電話
    (C) コンピューター
    (D) CDプレーヤー
2. どこで　走ることが　許されていませんか
    (A) 廊下で
    (B) どこでも　校内で
    (C) 携帯しながら　鋭い物を→鋭い物を持ちながら
    (D) 校長室で

　run　運営する　　on the principle of ～　～という原則に基づいて
　respect for ～　～に対しての尊重　　others　他の人たち　　carry　携帯する
　hallway　廊下　　permit　許す
　students caught ～ ing …　～しているところを見つけられる生徒は…
　sharp　鋭い　　object　物　　have ～＜過去分詞＞　～を＜過去分詞＞される
　take away　取り上げる　　principal's office　校長室　　allow　許す
　school grounds　校内

Chapter 107 解答　1 — B, 2 — A

109 Chapter 109

🎵 2-16

Part 4

1. When does the game start?
   - (A) At five to seven.
   - (B) At five after seven.
   - (C) At seven sharp.
   - (D) At seven fifteen.

   (A) (B) (C) (D)

2. How many fans will receive an Ichiro souvenir?
   - (A) 262.
   - (B) 20,000.
   - (C) 705.
   - (D) Everyone who plays baseball.

   (A) (B) (C) (D)

ゼンメソッド
をしよう！
p.210参照

242

Part 4 Chapter 109

The Seattle Mariners are playing in town tonight against the San Francisco Giants. The game starts at 7:05 p.m. The first 20,000 fans will receive Ichiro T-shirts commemorating his record-breaking 262 hits last season.

Part 4 Chapter 108　解答解説

　ありがとう　お電話をしてくださり　ショーシステムズへ／もしも　あなたが望むなら　知ることを　我々の営業時間について、どうぞ押してください　1を／もしも　あなたが　望むなら　話すことを　お客様サービス係と、どうぞ押してください　2を／もしも　あなたが　お持ちなら　質問を　あなたの現在の請求について、押してください　3を／すべての他の質問は、どうぞ　押してください　0を

1. 何番が　お客様サービス係ですか
   (A) 1
   (B) 2
   (C) 3
   (D) 0
2. 何番を　電話をかけた人は　押すべきですか　知るために　現在の特売品について
   (A) 0
   (B) 1
   (C) 2
   (D) 3

   thank you for 〜　〜してくれてありがとう　　find out about 〜　〜について知る
   business hours　営業時間　　press　押す　　customer　顧客
   current　現在の　　bill　請求、勘定

Chapter 108　解答　1 ─ B, 2 ─ A

Chapter 110

Part 4

1. What kind of summer is it?
   - (A) Unusually hot and dry.
   - (B) Earlier than usual.
   - (C) Especially dangerous.
   - (D) In Western Oregon.

   (A) (B) (C) (D)

2. What will not be allowed in parks or picnic grounds?
   - (A) Campfires.
   - (B) Until further notice.
   - (C) Smoking.
   - (D) Fire warnings.

   (A) (B) (C) (D)

Part 4 Chapter 110

As we are experiencing an unusually hot and dry summer, fire hazard warnings are in place throughout the Western Oregon area. No campfires will be allowed in any parks or picnic grounds until further notice. And smokers — please be especially careful.

Part 4 Chapter 109　解答解説

シアトルマリナーズは　試合をする予定です　町で　今夜　サンフランシスコジャイアンツに対抗して→今夜シアトルマリナーズ対サンフランシスコジャイアンツ戦が町で行われます／試合は　スタートします　午後7時5分に／最初の2万人のフアンは　受け取るでしょう　イチローのTシャツを　記念する　彼の記録破りの262本のヒットを　昨年シーズン→先着2万名のフアンにはイチローの昨シーズン262本安打記念Tシャツが贈られます

1. いつ　試合は　始まりますか
   (A) 7時5分前に
   (B) 7時5分に
   (C) 7時きっかりに
   (D) 7時15分に
2. 何人のフアンが　受け取るでしょう　イチローの記念品を
   (A) 262
   (B) 20,000
   (C) 705
   (D) すべての人　野球をする

be 〜 ing　確定的な未来、予定を表す　　play　試合を行う
against 〜　〜に対抗して　　receive　受け取る
commemorate　記念する　　record-breaking　記録破りの
sharp　きっかり　　souvenir　記念品

Chapter 109　解答　1 — B, 2 — B

Chapter 111 🎧 2-18

Part 4

1. Where can employees buy tickets?
   - (A) At the Drake Hotel.
   - (B) In the ballroom.
   - (C) From their section manager.
   - (D) On the 25th floor.

   (A) (B) (C) (D)

2. What should men wear to the party?
   - (A) A tuxedo.
   - (B) Jeans and a T-shirt.
   - (C) A jacket and tie.
   - (D) A Christmas costume.

   (A) (B) (C) (D)

ゼンメソッド
をしよう！
p.210参照

Part 4 Chapter 111

This year's Christmas party will be held on December 17 in the 25th floor ballroom of the Hotel Drake. Tickets are $25 per person and can be bought from your section manager. There will be a full self-service buffet and bar. All drinks are included in the price of admission. Employees may bring one guest. Dress is semi-formal.

Part 4 Chapter 110　解答解説

　〜ので　我々は　経験している（ので）　いつになく暑く乾燥した夏を、火災警報が出されています　西オレゴン州地域の至る所に／キャンプファイヤーは　許されないでしょう　どんな公園　あるいは　ピクニック場において　追ってお知らせがあるまで／そして喫煙者—どうぞ　特に注意してください

1. どんな種類の夏でしょうか　それは（季節を表す）
    (A) いつになく暑い　そして　乾燥した
    (B) 早く　いつもより
    (C) 特に危険な
    (D) 西オレゴン州で
2. 何が　許されないでしょうか　公園で　あるいは　ピクニック場で
    (A) キャンプファイヤー
    (B) 追ってお知らせがあるまで
    (C) 喫煙
    (D) 火災警報

experience　経験する　　　unusually　いつになく　　　hazard　危険
be in place　出されている　　throughout　〜の至る所に
area　地域　　picnic grounds　ピクニック場　　especially　特に
What kind of 〜　どんな種類（質、性質）の〜?　　it　季節を表す
earlier　early（早く）の比較級　　than usual　いつもより

Chapter 110　解答　1 — A, 2 — A

112 Chapter 112 2-19

Part 4

1. What is the position being advertised?
    - (A) Car owner.
    - (B) Delivery person.
    - (C) Pizza maker.
    - (D) Part-timer.

    (A) (B) (C) (D)

2. How much does the job pay?
    - (A) $6.75 an hour at first.
    - (B) That depends on the applicant's appearance.
    - (C) Nearly $10 per hour.
    - (D) $7.65 an hour after 6 p.m.

    (A) (B) (C) (D)

Part 4 Chapter 112

We are looking for a full-time employee to deliver pizza and chicken. The starting wage is $6.75 an hour. Applicants must be neat and polite and must own a car. If you would like to apply, call 555-5151 after 6 p.m., or stop by Paolo's Pizza before 10 p.m.

Part 4 Chapter 111   解答解説

　　今年のクリスマスパーティは　催されるでしょう　12月17日に 25階の宴会場で　ホテルドレークの／チケットは　25ドルです　1人につき　そして　買われることができます　あなたの部署のマネージャーから／あるでしょう　完全なセルフサービスのビッフェ　そしてバーが／すべての飲み物は　含まれています　入場の価格の中に／従業員は　連れてきてもいいです　1人のゲストを／ドレスはセミフォーマルです。

1. どこで　従業員は　買うことができますか　チケットを
    (A) ドレークホテルで
    (B) 宴会場で
    (C) 彼らの部署のマネージャーから
    (D) 25階で
2. 何を　男性たちは　着て行くべきですか　パーティーへ
    (A) タキシード
    (B) ジーンズとTシャツ
    (C) 上着とネクタイ
    (D) クリスマスの衣装

be held　催される　　　ballroom　舞踏室（宴会場）　　　per person　1人につき
section　組織の中の部門　　　manager　支配人、管理者　　　buffet　立食
drink　酒類、飲み物　　　include　含む　　　admission　入場料
employee　従業員　　　may 〜　〜してもよろしい
bring・brought・brought（活用）連れてくる　　　guest　客
semi-formal　少し格式ばった

Chapter 111　解答　1 — C, 2 — C

Chapter 113

2-20

Part 4

1. What must cars traveling in the mountains have?
   - (A) Snow tires or chains.
   - (B) Spare tires.
   - (C) Ski equipment.
   - (D) Highway passes.

   (A) (B) (C) (D)

2. How often will the buses run?
   - (A) Every hour.
   - (B) Twice a day.
   - (C) On Sundays only.
   - (D) On schedule.

   (A) (B) (C) (D)

ゼンメソッドをしよう！
p.210参照

Part 4 Chapter 113

Heavy snow is forecast for the entire Puget Sound region tomorrow. All vehicles traveling to ski resorts and across mountain passes must have snow tires or chains. City and school buses will run on schedule.

Part 4 Chapter 112　解答解説

　私たちは捜しています　常勤の従業員を　配達するために　ピザとチキンを／初めの賃金は　6ドル75セントです　1時間につき／志願者は　きちっとしていなければなりません　そして　礼儀正しくなければ　そして　所有していなければなりません　車を／もし　あなたが　望むなら　応募することを　電話をかけてください　555-5151に　午後6時以降に、　あるいは　立ち寄ってください　パオロピザに　午後10時前に

1. 何ですか　職は　（現在）広告されている
   (A) 車の所有者
   (B) 配達人
   (C) ピザ製造者
   (D) パートタイマー
2. いくら　その仕事は　支払いますか
   (A) 6ドル75セント　1時間につき　最初のうちは
   (B) それでは　〜に頼ります　志願者の外観に（頼ります）
   (C) ほとんど10ドル　1時間につき
   (D) 7ドル65セント　1時間につき　午後6時以後

full-time　常務の　　employee　従業員　　deliver　配達する
wage　賃金　　an hour　1時間につき　　applicant　志願者
neat　きちんとした　　polite　礼儀正しい、丁寧な　　own　所有する
apply　出願する　　stop by　立ち寄る　　position　地位、身分、職
advertise　広告する　　owner　所有者　　pay　支払う
depend on 〜　〜に頼る　　appearance　外観　　nearly　ほとんど

Chapter 112　解答　1 — B、2 — A

Chapter 114　2-21

Part 4

1. Who is this message for?
   - (A)　A dentist's office.
   - (B)　An emergency office.
   - (C)　A branch office.
   - (D)　The dental hotline.

   (A) (B) (C) (D)

2. When are callers most likely to hear this message?
   - (A)　During office hours.
   - (B)　From 1 to 4 p.m.
   - (C)　After 4 p.m. and on weekends and holidays.
   - (D)　When they have an emergency.

   (A) (B) (C) (D)

ゼンメソッドをしよう！
p.210参照

Part 4 Chapter 114

This is Doctor Sharp's office. Our office hours are from 9 a.m. to 12 noon and from 1 p.m. to 4 p.m daily. The office is closed on Saturdays, Sundays, and all national holidays. If you have a dental emergency, please call the dental hotline at 1-800-941-0764 for information on where to go for treatment.

Part 4 Chapter 113　解答解説

　豪雪が　予報されています　全体のピージェットサウンド地域に　明日→豪雪が明日ピージェットサウンド全域に予報されています。／すべての乗り物は　行く　スキー場へ　そして　越えて（行く）　峠を　持たねなければなりません　スノータイヤを　あるいは　チェーンを→乗り物でスキー場に向かわれ峠を越える場合はスノータイヤかチェーンが必要です／市の　そして　学校のバスは　走るでしょう　スケジュール通りに

1. 何を　車は　山に行く　持たなければなりませんか
   →山へ行く車は何を持たなければなりませんか
   (A)　スノータイヤ　あるいは　チェーン
   (B)　スペアタイヤ
   (C)　スキーの装備
   (D)　ハイウェイバス
2. どれくらい（頻度）　バスは　運行するでしょう
   (A)　1時間ごと
   (B)　2度　1日につき
   (C)　日曜日だけ
   (D)　スケジュール通りに

   forecast ・ forecast (forecasted)・ forecast (forecasted)（活用）予報する
   entire　全部の　　　region　地域　　　vehicle　乗り物（自動車、電車、飛行機等）
   travel　遠方へ行く、旅行する　　resort　行楽地　　across　〜　〜を横切って
   pass　峠　　run　運行する　　equipment　装備　　pass　通行許可書
   How often 〜？　どれくらい（頻度）〜　　every hour　1時間ごと

Chapter 113　解答　1 — A, 2 — D

Chapter 115

2-22

Part 4

1. Where is the parade?
   - (A) On North Street.
   - (B) On South Street.
   - (C) Along Columbia Avenue.
   - (D) It's being re-directed.

   (A) (B) (C) (D)

2. What is against the law?
   - (A) Drinking in public.
   - (B) Not cooperating.
   - (C) Driving on South Street.
   - (D) Eating during the parade.

   (A) (B) (C) (D)

Part 4 Chapter 115

Attention, please. All traffic will be re-directed to the streets north and south of Columbia Avenue until after the parade. Please remember that drinking alcohol in public is illegal. Thank you for your cooperation.

Part 4 Chapter 114　解答解説

こちらは　ドクターシャープの診療所です／我々の診療時間は　午前9時から　午後12時まで　そして　午後1時から　午後4時までです　毎日／診療所は　閉められます　土曜日、　日曜日、　そして　すべての祭日に／もし　あなたが　持つならば　歯科の緊急を、　どうぞ　電話してください　歯科の直結電話に　1-800-941-0764 に　情報のため　治療のためにどこに行くべきかについての

1. 誰のためですか　このメッセージは
   (A) 歯医者の診療所
   (B) 緊急診療所
   (C) 支社
   (D) 歯科の直結電話
2. いつ　電話をかける人は　もっともありそうか　聞くことが　このメッセージを→電話をかける人はいつこのメッセージを聞きますか
   (A) 診療時間の間
   (B) 午後1時から4時まで
   (C) 午後4時以降　そして　週末に　そして休日に
   (D) 時　彼らが　待つ　緊急を→緊急の時

office hours　診療時間　　emergency　緊急（の）

dental　歯科の　　dentist　歯医者　　hotline　直結電話

where to ～　どこに～べきか　　treatment　治療　　likely to ～　～しそうで

during ～　～の間

Chapter 114　解答　1 — A, 2 — C

Chapter 116

2-23

Part 4

1. What is NOT true of ABC soup?
   (A) It Uses organic vegetables.
   (B) It is less expensive.
   (C) It contains meat and chicken.
   (D) It comes in more than one flavor.

   (A) (B) (C) (D)

2. What does ABC say about its soup?
   (A) It makes a complete dinner or lunch.
   (B) It's only worth a penny.
   (C) It takes a little more time to prepare.
   (D) It is made from new recipes.

   (A) (B) (C) (D)

Part 4 Chapter 116

　　ABC soups may cost a little more, but they're worth every penny. We use nothing but the finest ingredients — organically grown vegetables and the freshest meat and poultry. Our recipes have stood the test of time for over a century. ABC — the soup that's a meal in itself.

Part 4 Chapter 115　解答解説

　　皆様に申し上げます／すべての交通は　変えられるでしょう　通りへと　北と南の　コロンビア大通りの　〜まで　パレードの後（まで）→パレード終了まで交通規制が行われコロンビア大通りの北と南の通りを通って頂くことになります／どうぞ　覚えていてください　飲酒は　公の場での　不法です／ありがとうございます　あなたの協力に対し→ご協力お願い致します

1. どこで　ありますか　パレードは
    (A) ノースストリートで
    (B) サウスストリートで
    (C) コロンビア大通りに沿って
    (D) それは（現在）方向を変えられています
2. 何が　反していますか　法律に
    (A) 飲むこと　公然と
    (B) 協力しないこと
    (C) 運転すること　サウスストリートで
    (D) 食べること　パレードの間

　　Attention, please.　皆様に申し上げます　　traffic　交通
　　re-direct　方向を変える　　avenue　大通り　　parade　行列
　　remember　覚える　　in public　人前で、公然と⇔in private　非公式に
　　illegal　不法の　　thank you for 〜　〜に対してありがとう
　　cooperation　協力　　along 〜　〜に沿って
　　against 〜　〜に反して　　law　法律

Chapter 115　解答　1 — C, 2 — A

117 Chapter 117 2-24

Part 4

1. Where can shoppers get fresh-picked corn?
   - (A) In the cafeteria.
   - (B) In canned goods.
   - (C) In frozen foods.
   - (D) In the produce department.

   (A) (B) (C) (D)

2. How much would two hot dogs cost?
   - (A) $4.50.
   - (B) $5.99.
   - (C) Under $3.00.
   - (D) $4.50, plus $2.25 for a large soft drink.

   (A) (B) (C) (D)

ゼンメソッドをしよう！
p.210参照

Part 4 Chapter 117

　　　Good afternoon, shoppers. Welcome to Super Save Market. Today, we are offering fresh King Crab legs at only $5.99 a pound. Our produce department is featuring fresh-picked sweet corn grown by local farmers. And if you're hungry, stop by our cafeteria for one of our Jumbo Hot Dogs for only $2.25, including a large soft drink.

Part 4 Chapter 116 解答解説

　　　ABCスープは　（金額が）かかるかもしれない　ちょっとより多く→ABCスープは他社と比べ割高かもしれません／しかし　それら（スープ）は　金額だけの価値があります／我々は　何も使っていません　〜以外は　最も優れた材料（以外は）―有機肥料で栽培された野菜　そして　最も新鮮な肉と鶏肉（を除いて）／我々の調理法は　時の試練に耐えてきました　1世紀以上の間　ABC―スープ　それ自体において食事である→ABCスープさえあれば食卓は満足

1. 何が　真実ではありませんか　ABCスープについて
   (A) それは　使っています　有機栽培の野菜を
   (B) それは　（値段が）比較的高くない
   (C) それは　含んでいます　肉とチキンを
   (D) それは　入荷しています　1つ以上の味で
2. 何を　ABCは　言っていますか　そのスープについて
   (A) それは　〜になります　完璧な夕食　あるいは　昼食に
   (B) それは　価値があるだけです　1ペニーの
   (C) それは　かかります　ちょっとより多くの時間　準備するのに
   (D) それは　作られています　新しい調理法から

cost　（全額が）かかる　　be worth every penny　金額だけの価値がある
worth 〜　〜の価値がある　（参: It's not worth a penny.　一文の価値もない）
use nothing but 〜　〜以外は何も使っていない　　ingredient　材料
organically grown 〜　有機肥料で栽培された〜　　poultry　鳥肉
recipe　調理法　　stand the test of time　時の試練に耐える

Chapter 116 解答　1―B, 2―A

Chapter 118

2-25

Part 4

1. How should the medicine be taken?
   - (A) With food.
   - (B) Three times a day.
   - (C) After the evening meal only.
   - (D) Before bed.

    (A) (B) (C) (D)

2. When should patients stop taking the medication?
   - (A) If symptoms persist.
   - (B) Not until it is used up.
   - (C) Only after calling their doctor.
   - (D) When they feel better.

    (A) (B) (C) (D)

Part 4 Chapter 118

This medication should be taken twice daily with food. Take one tablet after breakfast and one after dinner. Continue taking the medication until it is used up. If symptoms persist, call your doctor immediately. As with all medications, keep out of the reach of children.

Part 4 Chapter 117　解答解説

こんにちは　買い物客のみなさん／ようこそ　スーパーセイブマーケットへ／今日、　私たちは　売りに出しています　新鮮な　タラバガニの脚を　たった5ドル99セントで　1ポンドにつき／我々の　農産物売り場は　呼び物にしています　とれたての　とうもろこしを　育てられた　地元の農場主によって／そして　もしあなたが　お腹がへっていれば、　立ち寄ってください　我々のカフェテリアへ　我々のジャンボホットドッグの1つのために　たった　2ドル25セントで、　大きい（サイズの）ソフトドリンクを含めて

1. どこで　買い物客は　得ることができますか　とれたてのとうもろこしを
    (A) カフェテリア　　　　　　　(B) 缶詰で
    (C) 冷凍食品で　　　　　　　　(D) 農産物売り場で
2. いくら　2つのホットドックだったら　かかるでしょうか
    (A) 4ドル50セント　　　　　　(B) 5ドル99セント
    (C) 3ドル未満
    (D) 4ドル50セント、プラス2ドル25セント　大きい（サイズの）ソフトドリンクのために

shopper　買い物客　　welcome to ～　～へようこそ　　offer　売りに出す
king crab　タラバガニ（本文では宣伝のために大文字）　　leg　（食料の鳥・動物の）脚
pound　重さの単位　　produce　（農）産物　　department　売り場
feature ～　～を呼び物にする　　fresh-picked　とれたての　　sweet corn　とうもろこし
grow・grew・grown（活用）育てる　　local　地元の　　farmer　農場主
hungry　お腹がへった　　stop by　立ち寄る
cafeteria　カフェテリア（セルフサービス形式の食堂）　　for ～　～（の金額）で
including ～　～を含めて　　soft drink　清涼飲料　　canned goods　缶詰
frozen foods　冷凍食品　　How much would ～ cost?　～だったら（仮定として）いくらかかるでしょうか　　under ～　～未満で

Chapter 117　解答　1 — D, 2 — A

Part 4 Chapter 118　解答解説

　この薬は　飲まれるべきである　2度　毎日　食べ物と一緒に／飲みなさい　1錠　朝食後に　そして　1錠　夕食後に／続けなさい　飲むことを　その薬を　〜まで　それがなくなる（まで）／もし　症状が続けば、　電話してください　貴方のドクターに（→かかりつけの医師に）　直ちに／すべての薬に関して、　保ちなさい　外にある状態で　子供の手の届く範囲の→薬は子供の手の届かない所に保管して下さい

1. どうやって　薬は　飲まれるべきですか
   - (A)　食べ物と一緒に
   - (B)　3回　1日につき
   - (C)　夕食後のみ
   - (D)　就寝前に
2. いつ　患者は　やめるべきですか　飲むことを　薬を
   - (A)　もし　症状が　続くならば
   - (B)　〜まで　ではない　それがなくなる（まで）
         →薬がなくなってはじめてやめる（薬がなくなるまでは飲むのをやめない）
   - (C)　あとのみ　電話する　彼らのドクターに
         →かかりつけのドクターへの電話の後のみ
   - (D)　〜時　彼らが　感じる（時）　よりよく→気分がよくなるとき

medication　薬　　take　飲む（薬）　　tablet　錠剤

continue 〜 ing　〜し続ける　　be used up　（使って）なくなる

symptom　症状　　persist　存続する　　immediately　直ちに

as with 〜　〜に関して　　keep out of 〜　〜の外にある

reach　手の届く範囲

Chapter 118　解答　1 — A, 2 — B

CD付

ナマケモノの新TOEIC®テストリスニング

1　刷　　2007年 6月27日

著　者　　片野田　浩子　　Hiroko Katanoda

発行者　　南雲　一範　　Kazunori Nagumo
発行所　　株式会社　南雲堂
　　　　　〒162-0801　東京都新宿区山吹町361
　　　　　NAN'UN-DO Publishing Co., Ltd.
　　　　　361 Yamabuki-cho, Shinjuku-ku, Tokyo 162-0801, Japan
　　　　　振替口座：00160-0-46863
　　　　　TEL: 03-3268-2311（代表）／FAX: 03-3269-2486

製本所　　松村製本所

Printed in Japan　　　　　　　　　　　　　　　＜検印省略＞
ISBN 978-4-523-26419-4　C0082　＜1-419＞

　　　乱丁、落丁本はご面倒ですが小社通販部宛ご送付下さい。
　　　送料小社負担にてお取替えいたします。

　　　　　　E-mail　nanundo@post.email.ne.jp
　　　　　　URL　http://www.nanun-do.co.jp

英国留学試験

改訂版

はじめての **IELTS**（アイエルツ）

〜イギリス・オーストラリア・ニュージーランド留学案内〜

関妙子　監修　石谷由美子／石田毅／大工園佳代　著
B5判　160ページ　定価2499円（本体2380円）

CD付き

本書の特徴

- 日本人著者による、日本人学習者のための、日本語で書かれた「初」のIELTS解説書

- 留学準備の手順と留意点をていねいに整理した"紙上留学カウンセリング"

- 実際の授業をもとに"紙上授業"形式でまとめられた4技能別の学習アドバイス

- 2回分の模擬試験を用意